나는
스타벅스에서
불온한
상상을
한다

나는 스타벅스에서 불온한 상상을 한다
ⓒ 강인규, 2008

초판 1쇄 찍음 2008년 8월 21일 • 초판 3쇄 찍음 2012년 1월 2일
지은이 강인규 • 펴낸이 강준우 • 편집 김윤곤 • 교정교열 조영주 • 디자인 이은혜, 최진영
마케팅 이태준 • 관리 김수연 • 펴낸곳 인물과사상사 • 출판등록 제17-204호 1998년 3월 11일
주소 (121-839) 서울시 마포구 서교동 392-4 삼양E&R빌딩 2층 • 전화 02-471-4439 • 팩스 02-474-1413
www.inmul.co.kr • insa@inmul.co.kr
ISBN 978-89-5906-093-1 03940 • 값 14,000원
이 저작물의 내용을 쓰고자 할 때는 저작자와 인물과사상사의 허락을 받아야 합니다. 파손된 책은 바꾸어 드립니다.

나는 스타벅스에서 불온한 상상을 한다

강인규 지음

인물과
사상사

이 책은 한 소심한 남자의 미국 읽기다.

생김은 산도둑에 가깝지만, 성격은 '남자다움'이나 '대범함'과는 거리가 멀다. '소심함'은 대개 부정적인 말로 사용된다. 게다가 이것이 남자의 성격을 말할 때에는 무엇보다 멀리해야 할 '악덕'이 되곤 한다.

그러나 소심함은 사람과 사물을 섬세하게 관찰할 수 있게 해주는 미덕이기도 하다. 이 책에 실린 글을 쓰는 내내 이 '소심한 눈'을 유지하려고 애썼다. 학생으로 미국에 와서 대학강사와 저널리스트로 머물며 쌓은 여러 경험과 정체성도 꼼꼼한 시선에 보탬이 되었다.

지난 9년 동안 미국에 살면서 많은 사람들과 만났고, 많은 곳을 방문했다. 생애 4분의 1을 살았으면 타국이라도 익숙해질 만한데, 일상에서 마주치는 미국인들의 삶과 문화는 여전히 낯설고 흥미롭게 다가온다. 미국의 이런 모습이 이방인의 호기심을 자극할 때면, 책을 뒤지거나 친구들과 '커피숍 회합'을 열곤 했다.

이 책이 다루는 내용들은 여러 벗들과 나누었던 수다의 주제이기도 하

005

다. 특히 숀 밴쿠어^{Shawn VanCour}, 데이비드 디즈^{David Dies}, 케네스 캐츠^{Kenneth Katz}는 몇 시간이고 내 이야기를 즐겁게 들어주고 자신들의 생각을 아낌 없이 보태주었다.('남자들의 수다' , 여자들보다 더하면 더했지 결코 뒤지지 않는다.)

이 대화 속에서 '화장실 줄서기' 같은 일상의 사소한 관찰이 제법 진지 한 학문적 탐구의 대상이 되기도 했고, 반대로 '정교분리' 같은 제법 무 거운 주제가 친구들과의 수다 속에서 실없는 농담거리가 되기도 했다.

이 책은 이렇게 천천히 써 온 글들을 담고 있다. 지난 6년 동안 〈오마이 뉴스〉에 연재한 글 가운데 미국 사회의 모습을 잘 보여주는 주제들을 골라 새롭게 다듬었다.

흥미롭게도, 미국 사회나 문화를 다룬 책은 한국에서 큰 관심을 사지 못 하는 것 같다. 오랫동안 정치 · 경제 · 문화 · 군사적으로 미국의 무게에 눌려 살아왔기 때문에, 어떤 '지겨움' 같은 것을 느끼게 된 것이 아닐까 싶다. 눈만 뜨면 신문이나 방송에서 흘러나오는 것이 '미국' 이야기니 당연할 것이다.

그러나 이처럼 수없이 들려오는 '미국' 이야기들 가운데 합리적인 시각을 갖춘 것들은 많지 않다. 이렇게 미국은 모두가 알지만, 모두가 잘 알지 못하는 그런 나라로서 존재한다. '영향력'이라는 실체 모호한 구름에 덮인 얼굴 없는 나라로서.

이 책의 목적은 미국을 둘러싼 오랜 '권태'를 벗기고 그 나라의 모습을 새로운 시각에서 보여주려는 것이다. 이 책이 '미국'을 추상적인 국가에서 그 나라를 채우는 개개인의 모습을 발견하는 계기를 마련해주면 좋겠다.

무엇보다 이 책이 글 읽는 즐거움을 선사해준다면 가장 기쁘겠다.

2008년 8월

강인규

책을 시작하며

차
례

책을 시작하며   005

| 01 | 무관심을 파는 다방, 스타벅스   013
        미국인들의 삶에서 커피숍이 갖는 의미

| 02 | 동거남과 젖소의 관계   025
        미국인들의 연애, 동거 그리고 (비)결혼

| 03 | 할아버지들은 빨간 스포츠카를 탄다   034
        자동차가 미국 사회와 문화에 끼친 영향

| 04 | 재채기를 막아라, 팔뚝으로!   046
        미국인들의 독특한 위생 관념과 '세균과의 전쟁'

| 05 | 여자들은 모르는 남자 화장실의 세계   056
        화장실 예절을 통해본 남자들의 사회적 관계와 문화적 차이

!

06	슈퍼볼, 남성성 그리고 대중매체	065
	미국 스포츠의 사회문화적 의미	

07	미국은 어떻게 '비만제국'이 되었나	077
	미국의 패스트푸드산업과 국민보건	

08	이긴 자가 다 갖는 게임	089
	미국 대통령 선거의 형성과정과 역사적 배경	

09	재즈, '가장 미국적인' 예술양식?	102
	재즈의 발전사를 통해본 음악의 국적과 의미	

10	단 한 사람을 위한 교통표지판	115
	복지의 불모지 미국, 그러나 부러운 장애인 배려	

11	콜럼바인의 악몽이 계속되는 이유	126
	미국 사회를 괴롭히는 '작은 정부'와 '큰 자본'	

| 12 | 봄보다 먼저 미국을 녹색으로 물들이는 사람들 | 136 |

'성 패트릭의 날 행진'의 기원과 아일랜드계 이민의 역사

| 13 | '의약난민'을 아시나요? | 146 |

약을 사기 위해 국경을 넘는 미국인들

| 14 | 할로윈, 왜 하필 호박일까? | 155 |

할로윈의 기원, 의미 그리고 상업화

| 15 | 가을에 연하장을 보내는 사람들 | 162 |

'로시 하샤나'를 통해본 유대계 미국인들의 삶과 문화

| 16 | 미키마우스, 마이클 무어를 삼키다 | 172 |

민주주의를 위협하는 미국의 상업언론

| 17 | 정치는 신의 뜻대로? | 185 |

'종교정치' 논쟁에 휩싸인 미국 정치

| 18 | 다문화로 요리된 미국 음식들 | 199 |

다문화 사회의 축복, 미국의 다양한 음식

!

| 19 | 디카프리오는 왜 진보적일까 | 210 |

연예인들의 정치화, 정치인들의 연예화

| 20 | 소수의 인재가 다수의 '범재'를 먹여 살린다? | 221 |

MIT '오픈소스학회'가 말해준 엘리트주의의 허구성

| 21 | 돈이 없으면 아프지도 마라 | 230 |

한 이민자의 죽음을 통해서 본 미국 의료제도의 문제점

| 22 | 이루어지지 않은 마틴 루터 킹의 꿈 | 240 |

미국 사회의 인종차별, 그리고 극복을 위한 노력과 헌신

| 23 | 사람들은 고향으로, 칠면조는 오븐 속으로 | 253 |

미국 최대 명절 추수감사절의 기원과 변화

| 24 | 유학생, '공중부양' 위기를 넘다 | 266 |

미국인들의 삶 속에 밴 발언과 토론문화

| 25 | 스타벅스 인어가 다리를 감춘 까닭 | 277 |

미국 상업이미지의 탄생과 변화

무관심을 파는
다방,
스타벅스

'스타벅스'가 누리는 인기를 어떻게 설명할 수 있을까? 이미 많은 사람들이 이 질문에 답을 내놓았다. '훌륭한 커피 맛과 서비스'라는 교과서적인 답변에서부터 '경영자의 뛰어난 비전과 마케팅 능력' 때문이라는 처세적 영웅담 그리고 '서구 문화에 환장한 철부지들의 허영'이라는 힐난까지.

나름의 근거를 갖춘 설명도 있지만 대부분 가장 중요한 요소를 비껴가고 있다. 바로 '사회'다. '스타벅스가 어떻게 인기를 얻었나'라는 질문은 '사회는 왜 하필 이 시기에 스타벅스식의 다방문화를 받아들였느냐'는 물음과 뗄 수 없다.

013

사실 미국 커피 체인의 선두주자는 스타벅스가 아니다. 이미 던킨 도너 츠가 1950년대에 커피 체인을 시작했고, 스타벅스에 앞서 전국의 주요 대학가를 중심으로 에스프레소 음료를 선보인 에스프레소 로열^{Espresso} ^{Royale}도 있었다.

이들이 스타벅스처럼 비약적인 성장을 한 것은 아니지만 미국 내에서 꾸준하게 매장 수를 늘려왔다는 사실은, 미국 사회가 이미 스타벅스 이 전부터 커피 체인과 에스프레소 음료를 받아들일 준비가 되어 있었다 는 것을 말해준다. 그러나 사람들이 스타벅스에 보인 반응은 특별하다. 도대체 이 커피숍 체인의 남다른 매력은 무엇일까.

괴상한 이름의 음료를 파는 이국적 커피숍

스타벅스의 커피 맛은 그런대로 괜찮은 편이지만 결코 뛰어나진 않다. 스타벅스는 '좋은' 커피가 아닌 '다른' 커피를 판다. 스타벅스는 다양 한 에스프레소 음료는 말할 것도 없고 일반 커피마저 오래 볶은 원두를 사용하여 미국인들이 전에 보지 못한 진한 커피를 만들어 내놓는다.

커피를 담아주는 일회용 컵마저 일반적으로 불리던 '작은 컵^{Small}' '중 간 컵^{Medium}' '큰 컵^{Large}' 대신 '톨^{Tall}' '그란데^{Grande}' '벤티^{Venti}' 라는 (미국 인들의 표현을 빌리자면) '기괴한' 이름을 붙였다. 이탈리아어로 '20'을 뜻하는 벤티는 '20온스(약 600밀리리터)들이 컵' 이라는 의미라 치더라 도, '크다' 는 뜻의 영어 '톨' 과 같은 뜻의 이탈리아어 '그란데' 를 나란

나는 스타벅스에서 불온한 상상을 한다

■ 전 세계 1만 5000여 개의 매장을 운영하고 있는 스타벅스. 이제는 미국뿐만 아니라 전 세계적인 문화현상이 되었다.

히 컵 사이즈 구분 용어로 쓴 것은 실로 기괴한 결정이었다.

왜 작은 컵에 '큰' 이라는 이름을 붙였을까. 스타벅스 직원은 잘 모르겠다는 듯 어깨를 으쓱하며 웃더니 이렇게 대답한다. "작은 컵의 커피를 사면서 '큰' 것을 받으면 기분이 좋지 않겠어요?"

중요한 것은 그 이름이 정체 모를 '유럽적 분위기' 를 연출하고 있다는 점이다. 뉴욕 출신의 대학원생(30)과 미니애폴리스 출신의 작곡가(35)에게 스타벅스가 주는 느낌을 한마디로 표현해보라고 했다. 그들은 잠시 생각하더니 이런 답변을 내놓았다.

"'카페모카' '카페라떼' '캐러멜 마키아또' 등 외국어로 된 음료를 팔면서 고급스러운 느낌을 주려고 애쓰는 커피 체인."

"대낮에도 다른 사람들의 눈치를 살피지 않고 갈 수 있는 분위기 괜찮은 바. 보통의 바와 다른 점이 있다면 술 대신 커피를 판다는 것."

미국인들에게 스타벅스는 아직까지도 기묘한 호기심을 느끼게 하는 장소다. 이러한 호기심은 단순히 음료에 붙은 이국적인 이름이나 앞치마 두른 바리스타가 커피를 서비스하기 때문만은 아니다.

대다수의 미국인들에게 스타벅스의 '4달러 커피' 는 '발상의 전환' 에 가까운 충격이었다. 미국인들에게 커피란 간이식당에서 여종업원들이 계속해서 채워주는 1달러 50센트짜리, 또는 주유소에서 사서 차 안에서 마시는 (도넛 두 개를 포함해) 2달러짜리 미지근한 음료에 불과했다.

한국에서 스타벅스를 과시소비 및 허영의 상징으로 부각시키는 사람들도 있지만 사실 스타벅스 가격대의 커피는 한국 사회에 오래 전부터 있었다. 그러나 미국인들에게 스타벅스는 정상가의 두세 배를 받으면서도 사람들을 끌어 모으는 이해하기 어려운 사회현상이었다. 그 가운데 일부는 여전히 (4달러라는 뜻의) '포벅스Fourbucks' 라는 냉소를 거두지 않고 있지만 말이다.

지난 2006년 4월 23일 미국 CBS 시사프로그램 〈60분〉은 스타벅스 열기를 보도하면서 이렇게 서두를 열었다.

> "어느 누가 수백만 명의 미국인들이 줄을 서서 4달러나 되는 커피를 살 것이라 상상했겠는가? 도대체 어느 누가 우리들이 커피숍에 들어가서 태연히 '더블 샷에 시럽은 한 번만 담고 저지방 우유로 거품을 내어 얹은 캐러멜 마키아또 주세요' 라는 주문을 하게 될 거라고 믿었을까? '마키아또' 라는 건 또 뭘까?"

미국에는 '다방'이 없었다

대다수의 미국인들에게 '커피숍' 이라는 공간은 생소했다. 사실 커피는 식당이나 집에서 음식과 더불어 마시는 '기능성 음료' 에 가까웠다. 유럽이나 한국과 달리 미국에는 찻집에서 친구들과 몇 시간씩 이야기를

017

■ 한국 커피숍에 익숙한 사람이라면 미국 커피숍의 적막함에 놀랄 것이다. 커피숍을 이용하는 미국인들의 상당수는 이어폰으로 음악을 들으며 책을 읽거나 노트북을 들여다본다.

나누는 문화가 존재하지 않았다.

스타벅스의 성공은 단순히 상품이나 마케팅의 성공이 아니라 새로운 문화의 등장, 즉 '다방문화'의 확산을 의미한다. 스타벅스의 하워드 슐츠 회장은 1999년 2월 8일자 〈뉴욕타임스〉와의 인터뷰에서 다음과 같이 말했다.

"미국 내에서 스타벅스는 가정과 직장 사이의 '제3의 장소'로서 등장

나는 스타벅스에서 불온한 상상을 한다

했습니다. 우리가 가정의 베란다를 확장했다고나 할까요. 사람들이 스타벅스에서 하는 일은 이야기를 나누는 것입니다. 커피는 수백 년 동안 대화의 매개체였습니다."

스타벅스가 '제3의 장소'를 제공하고 있다는 슐츠의 분석은 타당하다. 그러나 미국인들이 스타벅스에서 "대화를 나눈다"는 견해에 대해서는 좀더 신중한 평가가 필요하다.

미국인들 다수는 커피숍에 혼자 와서 오랜 시간을 보내다 돌아간다. 한국이나 유럽의 커피숍에 익숙한 사람이라면 아마 미국 커피숍의 적막함에 놀랄 것이다. 신문을 뒤적이거나 책을 읽는 사람들도 있지만 대개는 노트북을 들여다본다. 그 때문에 대부분의 매장은 구석구석마다 전원 코드를 마련하고 무선 인터넷 서비스를 제공한다. 손님들 가운데 상당수의 귀에는 이어폰이 꽂혀 있다. 이런 상황이라면 아무리 강력한 '대화의 매개체'를 컵에 담아주더라도 입을 열기 어려울 것이다.

커피 대신 장소를 판다

스타벅스의 별명 가운데 하나는 '작가들의 천국Writers' Paradise'이다. 이 별명은 세계적으로 일어난 노동환경의 변화를 반영한다. 지식노동의 종류와 양이 증가하고, 컴퓨터와 인터넷의 보급으로 노동의 장소가 일터 밖까지 확대됐으며, 경제활동의 영역이 확장되면서 노동자들의 이동

또한 잦아졌다. 그로 인해 사람들은 집과 일터가 아닌 '제3의 장소'에서 더 많은 시간을 보내게 됐으며 작가나 번역가처럼 아예 커피숍을 일터로 이용하는 사람들도 늘었다. 직장 일을 가지고 나온 사람들에게도 일할 장소를 제공한 것은 물론이다.

가족이 없는 사람은 적막한 집이 싫어서, 가족이 있는 사람은 조용히 집중할 장소가 필요해서 이곳을 찾는다. 어쩌면 스타벅스라는 공간은 가정의 베란다보다는 사무실 책상의 확장일지 모른다.

이동이 잦은 현대사회에서 전 세계 어디서나 동일한 분위기와 훌륭하지는 않더라도 '예상 가능한' 맛을 제공하는 커피숍의 등장과 성공은 크게 놀랄 일이 아니다. 중요한 것은 커피가 아니라, 커피를 핑계로 잠시 머물다 갈 수 있는 장소이기 때문이다.

미국에서 이런 장소의 제공은 새로운 시도였다. 사람들은 커피 값치고는 비싸지만 '휴게실'이나 '사무실' 임대료 치고는 저렴한 스타벅스 커피에 기꺼이 돈을 지불했다. 마치 취객이 하룻밤 쉬어가기 위해 목욕탕보단 비싸지만 모텔보다는 싼 찜질방에 기꺼이 8000원을 내듯이.

미국과 달리 한국에는 오랜 다방문화의 역사가 있다. 한국사를 연구한 브루스 커밍스는 다방이라는 공간이 한국의 민주화에 기여한 측면에 주목한다. 이는 독일 철학자이자 사회학자인 위르겐 하버마스가 찻집이 유럽의 시민사회 발전에 핵심적인 역할을 담당했다고 본 시각과 동일한 것이다. 이들의 주장에 따르면 커피숍은 각 사회에서 단순한 '수다'의 공간이 아니라 개인의 이익을 초월한 공적 주제를 논하는 '공론

020

■ 한국에서 스타벅스로 대표되는 에스프레소 커피숍의 부상은 남성적 공간이었던 커피숍이 여성적 공간으로 변화하고 있음을 말해준다.

장'Public Sphere' 의 기능을 수행했다.

오래전부터 안락한 대화의 공간을 제공하는 데다가 차를 가져다주기까지 하는 찻집에 익숙한 한국인들, 특히 남성들에게 스타벅스는 기묘한 곳이었을 것이다. 그들에게 스타벅스는 기존 찻집의 푹신한 쿠션을 딱딱한 나무의자로 바꾸고, 도자기 잔 대신 일회용 종이컵을 주면서, 서빙 대신 '셀프서비스'를 표방하기 시작한 불친절하기 짝이 없는 커피숍이었다. 거기에 값은 호텔 커피숍 수준으로 받는.

무관심을 파는 다방, 스타벅스

커피숍의 성적 의미와 '된장녀'

미국도 그렇지만 한국에서도 커피는 맛과는 별로 상관이 없는 음료였다. 2003년까지 인스턴트커피가 전체 수요의 95퍼센트를 차지한 한국은 세계에서도 보기 드문 독특한 커피시장이다. 인스턴트커피는 적당히 달기만 하면 될 뿐 그다지 까다로운 입맛을 요구하지 않는다.

위세 높던 '원두커피'도 사정은 별반 다르지 않았다. 장소와 값을 막론하고 원두커피는 진한 보리차 수준 이상이 아니었다. 그럼에도 불구하고 높은 가격을 지불했던 것은 커피가 주는 만남의 기회 때문이었다.

한국에서 스타벅스식 에스프레소 커피숍의 부상은 두 가지를 의미한다. 하나는 공간 자체에서 커피 맛으로의 이동이고, 다른 하나는 남성적 공간에서 여성적 공간으로의 변화다. 과거 한국의 찻집은 남성들이 여성들의 서비스를 받는 '남성적' 공간이었다. 그런데 남성 바리스타들이 앞치마를 두르고 우유 거품을 내는 커피숍의 등장은 공간의 성적 의미를 바꾸어 놓았다. 이미 강력한 경제력을 갖춘 구매 집단으로 성장한 한국 여성들은 고급 에스프레소 음료의 맛과 상징적 가치에 높은 가격을 지불할 준비가 되어 있었다.

하지만 자판기 커피를 비운 종이컵에 가래와 담뱃재를 터는 것으로 충분히 만족스러운 '터프가이'들로서는 '똑같은 커피'에 4000원 이상의 '거금'을 쓰는 여성들의 행태를 이해하기 어려웠을 것이다. 한국 스타벅스 커피가 세계에서 가장 비싸다는 소문(물론 사실이 아니다)은 이들이

■ '스타벅스 현상'은 이제 스타벅스 고
유의 매장과 상표의 영역을 벗어났
다. 스타벅스가 다른 커피숍의 요소
를 자신의 것으로 만들어 성공했듯,
이제 스타벅스의 영향을 받은 다른
커피숍들이 각 지역에서 자신만의
가치를 제공하고 있기 때문이다. 사
진은 스타벅스의 요소를 성공적으로
지역화한 한국의 한 커피숍.

이른바 '된장녀'들을 공격하는 좋은 구실이 되었다.

미국에서든 한국에서든 스타벅스는 이제 스타벅스 매장의 범주를 벗어
난 하나의 문화현상으로 성장했다. 스타벅스가 다른 커피숍에서 영감
을 얻었듯, 이제 스타벅스로부터 영향을 받은 커피숍들이 나름의 방식
으로 각 지역의 고객들과 만나고 있기 때문이다. 방식은 비슷하지만 서
로 다른 가치와 의미를 판매하면서.

무관심을 파는 커피숍

커피숍들을 대상으로 한 가지 실험을 해보았다. 스타벅스 몇 군데와 스
타벅스식으로 운영하는 지역 커피숍을 찾아 몇 시간씩 보내면서 '제3
의 공간'으로 가장 마음에 드는 곳과 그 이유를 알아보는 것이다.

몇 주 동안 이곳저곳의 커피숍을 관찰한 결과 미국 커피숍에서 가장 중
요한 요소는 '무관심'이라는 사실을 알아냈다. 불친절을 의미하는 것

023

이 아니다. 점원은 최대한 친절하고 정중해야 한다. 하지만 돈을 받고 커피를 건넨 이후 고객과의 소통은 완전히 단절돼야 한다. 그래야만 고객은 그 '친절한 무관심' 속에서 원하는 시간만큼 하고 싶은 것을 하다 돌아갈 수 있기 때문이다.

이러한 무관심을 위해 필요한 것은 점원들의 시선이 미치지 않을 만큼 넓거나 시선을 적당히 차단해주는 공간과 구조다. 독서에 불편함은 없지만 적당히 얼굴을 가려주는 간접조명과 부분조명도 필수적이다. 미국인들은 돈을 내고 산 무관심의 안락함 속에서 제 할 일을 하다 소리 없이 하나둘 일어섰다.

흥미로운 것은 한국의 커피숍은 스타벅스를 포함해 대부분 더 밝고 개방적인 구조를 갖추고 있다는 사실이다. 고객들은 활기찬 분위기 속에서 크게 웃으며 끝없이 대화를 나눈다. 조용히 노트북 자판을 두드리거나 책을 읽고 있는 사람들 앞에조차 따뜻한 시선을 보내는 친구가 앉아 있기 일쑤다. 한국의 커피숍은 분명히 미국의 그것과는 다른 공간이다.

지난여름, 한국의 한 커피숍을 석 달 동안 일터로 사용한 적이 있다. 미국으로 떠나기 전 작별인사를 하기 위해 찾아갔을 때 그곳의 직원들은 아쉬워하며 커피와 케이크 값을 대신 내주었다. 미국에서는 느낄 수 없는 인정이 오가는 한국 사회의 축소판을 보는 순간이었다. 그래서일까? 오래 머물기 편한 쪽은 미국 커피숍이지만 그리움의 대상이 되는 곳은 언제나 한국 쪽인 까닭이.

동거남과
젖소의
관계

한국 드라마는 온통 사랑 이야기뿐이다. 어떤 장르를 표방하고 시작하든 결국은 모두 멜로드라마가 되어버린다. 그것도 대개는 상대를 위해 모든 것을 바치는 헌신적인 사랑 이야기. 왜 그럴까? 이에 대해서는 몇 가지 주장이 있다.

그중 하나는 정치적인 소재를 금기시했던 억압적인 사회 분위기 때문이라는 것이다. 이런 보수적 정치 환경 속에서 멜로물이라는 안전한 선택을 한 것이 하나의 관습으로 굳어졌다는 주장이다. 합리적이고 타당한 설명인 것 같다. 하지만 눈물을 빼는 지고지순한 사랑 이야기가 대부분을 차지하는 이유에 대한 대답은 되지 못한다.

025

한국인이 '동양의 이탈리아인'이어서 특별히 낭만적인 사랑을 즐긴다는 주장을 내놓는 이도 있다. 정말 그럴까? 텔레비전과 극장 화면을 채우는 무수한 사랑 이야기들은 한국인의 마음을 지배하는 낭만적 애정관의 반영일까?

오히려 정반대인 것 같다. 드라마의 남녀는 사랑을 위해 모든 것을 버리지만 한국적 현실에서 '애정'은 남녀가 결합하는 데 있어 가장 부차적인 요소가 아니던가. 우리들의 현실에 낭만적인 사랑이 존재하지 않기 때문에 가상의 공간 속에서나마 그것을 누려보려는 것이 아닐까?

집안, 학벌, 지위, 재산, 고향, 거주 지역, 종교 등이 별 탈 없어야 비로소 애정은 빈약한 뿌리를 내릴 수 있다. 물론 양가의 부모들이 '관상'이나 '궁합'(또는 키나 혈액형)으로 시비를 걸지 않을 경우 말이다. 어찌 보면 모든 결혼이 정략결혼에 다름없는 한국 사회에서 모든 것을 내던지는 사랑은 드라마에서나 일어날 수 있는 일탈일 뿐이다.

그리하여 애정을 제외하고는 모든 조건을 갖춘 완벽한 결합을 한(또는 할) 커플들은 텔레비전 속 달콤한 일탈을 보며 눈물을 흘린다. 사람은 언제나 잃어버린 사랑만 그리워하는 법이므로.

〈겨울연가〉와 〈섹스 앤 시티〉

평소 범죄물인 〈CSI 과학수사대〉나 남녀관계를 희극적으로 그린 〈섹스 앤 시티〉 같은 드라마를 즐겨 보던 미국인 친구 하나가 〈겨울연가〉에

■미국인들은 애정 문제에 있어서 부모와 가족의 간섭으로부터 비교적 자유로운 편이다.

완전히 매료됐다. 한국 드라마 속에서 지금까지와 전혀 다른 남녀관계를 발견한 그는 "한국 사람은 〈겨울연가〉처럼 사랑에 진지하냐"고 물었다. 나는 웃으며 "미국 사람은 〈섹스 앤 시티〉처럼 사랑에 코믹하냐"고 되물었다.

금지는 언제나 강렬한 욕망을 낳기 마련. 미국의 드라마에서 진지한 로맨스를 발견하기 어려운 것은 한국에 비해 애정의 장애가 적기 때문이다. 결혼이 '가족 간의 결합'이라는 점은 어느 사회나 비슷하지만, 가족 구성원 사이의 유대가 한국보다 느슨한 미국에서는 부모, 형제 또는 자식이 서로의 애정에 대해 발언권을 갖는 경우는 많지 않다.

한국에서는 자식들이 애인을 집에 데리고 와 정성스레 인사를 시키고

동거남과 젖소의 관계

난 뒤 부모들의 '선고'를 기다려야 한다. 이에 반해 미국 부모들은 '통고'라도 받으면 다행이다. 작년 크리스마스에 마지막으로 본 자식이 어느 날 문득 낯선 남자나 여자를 데리고 와서 "우리 약혼했어요We're engaged"라고 말하는 것은 미국 부모들이 흔히 경험하는 일이다.

애인을 데리고 와서 부모에게 소개시키고 함께 저녁을 먹는 것은 미국에서도 흔한 일이다. 그러나 이때 미국 부모가 할 수 있는 일은 조용히 음식을 씹어 (때로는 힘겹게) 목 뒤로 넘기는 것뿐이다. 한국인으로서는 부모의 간섭이 적은 것이 부러울 수도 있다. 그러나 이것은 대가를 지불했기 때문에 가능한 일이다. 미국의 자식들은 한국에 비해 더 많은 자유를 누리는 대신 부모로부터 더 적은 혜택을 받는다.

인간은 영장류 가운데 부모로부터 가장 늦게 독립하는 것으로 알려져 있다. 그 가운데 한국인의 독립은 평균적으로 미국인들보다 훨씬 늦다. 대학원 학비까지 대주고 서른이 넘은 자식을 결혼 전까지 부모가 데리고 사는 영장류는 오직 한반도에서만 찾아볼 수 있다. 한국의 부모들은 자식들을 오래 보호해주는 대가로 그들의 삶에 강력한 영향력을 행사하고 있는 것이다.

동거, 결혼을 대체하다

미국에서 자식들이 부모에게 예비 배우자를 '통보'했다면 이 가운데 절반 정도는 이미 2년 이상 동거를 했을 가능성이 높다. 한국에서 '동

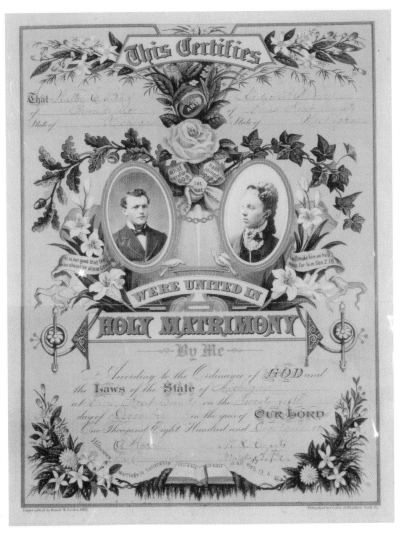

■ 1883년 미시건 주정부가 발행한 결혼 인증서. 가운데 신랑과 신부의 사진이 있고, 두 사람을 '묶는' 리본의 매듭 위에 "하나님이 짝지어 주신 것을 사람이 나누지 못할지니"라는 성경 구절이 보인다. 미국을 포함해 서구의 많은 사회에서 '매듭(knot)'은 결혼의 상징이다.

거'는 기묘한 위기감을 불러오는 윤리적 담론이다. 수십 년 전까지 미국의 상황도 크게 다르지 않았다. 동거는 '방탕한 삶$^{living in sin}$'으로 불리며 도덕주의자들의 위기의식을 한껏 고조시켰다.

그러나 이제 미국에서 동거는 결혼을 앞둔 남녀가 거치는 일상적인 통과의례가 되었다. 미국의 이혼율이 높다는 것은 잘 알려진 사실이다. 그러나 지난 20년 동안의 통계를 보면 이혼율은 점차 낮아지고 있는데, 이는 결혼율 자체가 줄고 있기 때문이다. 뉴저지 주립대학교 결혼연구소의 연례보고서 『미국의 2005년 결혼실태$^{The State of Our Unions 2005}$』는 지난 30년 동안 미국인들의 결혼율이 절반으로 줄었다는 사실을 보여준다.

2005년 7월 18일자 〈USA 투데이〉는 "과거에는 결혼했다가 이혼할 커플들이 아예 결혼 자체를 하지 않고 있다"고 보도했다. 동거가 결혼을 대체하고 있다는 것이다. 미국 정부의 인구통계는 현재 1000만 명 이상의 남녀가 동거하는 것으로 집계하고 있는데, 이는 남녀가 짝을 이룬 전체 가구의 8퍼센트에 달하는 수치다. 특히 수도인 워싱턴 DC의 동거커플의 비율은 13.5퍼센트로 미국에서 가장 높다.

동거커플은 보통 평균 2년을 함께 산 뒤 결혼할 것인지 헤어질 것인지, 아니면 동거를 계속할 것인지를 결정한다. 미국의 경우, 동거커플 가운데 40퍼센트 정도가 결혼하고 40퍼센트가 결별하며 나머지 20퍼센트 정도가 동거를 지속한다는 통계가 있다.

미국에서 동거는 결혼이라는 공식적 관계에 들어서기 전 상대방을 관찰하는 '시험기간'으로 이해되고 있었다. 그러나 동거커플의 40퍼센트가 헤어지고, 또 주거비 절약 등 경제적 이점 때문에 동거를 택하는 젊은이들이 늘면서 동거는 이제 독립적인 '관계'의 한 형태가 되었다.

뉴저지 주립대학교 결혼연구소가 펴낸 2002년판 청소년 관계지침서 『동거를 택할 것인가?*Should We Live Together?*』에 따르면, 미국 고등학교 3학년 생들 가운데 66퍼센트의 남학생과 61퍼센트의 여학생이 "결혼 전 동거가 상대를 이해하는 데 도움이 된다"고 대답하고 있다. 동거의 증가세는 젊은 세대가 동거에 긍정적인 태도를 보이고 있는 이상 한동안 지속될 것이다.

여전히 남은 문제점들

미국의 평균 결혼 연령은 계속 높아지는 추세다. 이것은 교육 수준의 향상 때문이기도 하지만(사람들은 학업을 마칠 때까지 결혼을 미루는 경향이 있다) 결혼 전 동거를 선택하는 커플이 늘고 있기 때문이기도 하다. 현재 미국인들의 평균 초혼연령은 여성이 26세, 남성이 27세이다. 한국의 27.5세와 30.6세에 비해 낮은 편이지만 30년 전에 비하면 여성은 5년 이상, 남성은 4년 가까이 늦어진 것이다.

미국에서 동거는 이제 윤리나 종교적 문제가 아니라 사회학적인 이슈가 되었다. 결혼에서 생길 수 있는 문제를 보완한다는 통념과는 달리, 동거가 결혼생활을 개선하거나 이혼을 예방하는 데 실질적인 도움이 되지는 않는 것으로 조사되었다.

■ 미국 결혼식의 모습. 결혼하는 미국인들 가운데 절반 이상이 동거를 거친다. 과거에 결혼을 대비한 예비과정의 형태를 지니고 있었던 동거는 이제 결혼을 대체하는 형식으로 진화하고 있다.

정신의학자 로빈스와 라이거의 1990년 공저 『미국 정신질환 *Psychiatric Disorders in America*』에 따르면 동거커플이 우울증에 걸릴 확률은 결혼한 부부의 세 배가 넘는다. 동거 뒤 결혼한 커플이 오히려 이혼율이 더 높다는 연구도 있다. 동거가 상호이해와 헌신도를 높인다는 생각도 사실이 아닌 것으로 밝혀졌다. 심리학자 새커포드의 2001년 연구 『동거, 결혼, 살인 *Cohabitation, Marriage and Murder*』에 따르면, 동거관계에서 발생하는 신체적, 성적 폭력의 비율은 결혼관계에 비해 훨씬 높았다. 심지어 동거 상대자

나는 스타벅스에서 불온한 상상을 한다

에 의해 살해당하는 비율은 배우자에 비해 무려 아홉 배에 달한다.

비록 동거를 부정적으로 보는 시선이 사라지고 여성에 대한 가혹한 이중 기준도 더 이상 존재하지 않지만, 동거가 남자의 태만을 부른다는 사실은 미국도 예외가 아니다. 실례로 몇 년 동안 여자 친구와 동거하다가 헤어진 한 미국인 친구가 있었다. 여자는 남자의 결혼 신청을 기다리며 유무언의 압력을 넣었지만 남자는 별로 서두르는 기색을 보이지 않았다. 조심스럽게 결혼을 미루는 이유를 묻자 그는 장난스럽게 답했다.

"우유를 공짜로 얻을 수 있는데 소를 왜 사?"

남자들이 철 안 드는 것은 만국 공통인 것 같다. 얼마 전 여자는 그 친구를 차 버리고 더 멋진 남자를 만나 사귀고 있다.

아일랜드의 시인이자 소설가인 오스카 와일드는 "사람에게는 사랑이 필요하다. 결혼하지 말아야 할 이유가 여기에 있다"고 말했다. 결혼하는 미국인들이 줄어드는 것이 와일드의 조롱 때문만은 아니겠지만 결과적으로는 비슷한 상황이 되어가고 있다. 하지만 정작 와일드 자신은 결혼을 택했다. 사랑에 별 관심이 없었던 모양이다.

동기님과 젖소의 관세

할아버지들은
빨간 스포츠카를
탄다

미국인들의 삶에 가장 큰 영향을 끼친 발명품은 무엇일까? 아마 자동차일 것이다. 보유 대수로 보나 인구 대비로 보나 미국은 세계에서 가장 많은 자동차를 가지고 있다. 그러나 자동차가 미국 사회에 끼친 영향은 단순히 숫자만으로는 설명되지 않는다. 전 세계적으로 자동차의 영향을 받지 않은 곳은 많지 않을 것이다. 그러나 미국만큼 자동차가 사람들의 삶 구석구석에 영향을 끼친 나라도 없을 것이다. 아니, 영향을 끼친 정도가 아니라 미국 사회 자체가 자동차를 축으로 형성되었다 해도 과언이 아니다.

미국인들이 차 안에 앉은 채 '드라이브 스루drive-thru' 식당에서 햄버거

■ 스타벅스의 '드라이브 스루(drive-thru)' 안내 간판. 운전석에 앉은 채 음식이나 커피 등을 주문할 수 있다. 차 안에서 음식을 사먹거나 업무를 보는 건 미국인들에게는 일상이다.

와 커피를 주문해서 '드라이브 인drive-in' 극장으로 향하는 것은 흔한 일이다. 차창 높이에 맞춘 우편함에 편지를 넣거나 꺼내는 것은 물론, 은행이나 약국에도 차 밖으로 나가지 않고 일을 볼 수 있게 되어 있다.

운동 부족으로 인한 비만은 크게 걱정하지 않아도 된다. 슈퍼마켓에는 비만으로 거동이 힘든 사람들을 위해 실내용 소형 자동차가 갖추어져 있다. 게다가 미국인들은 차를 열심히 타는 대신 조깅만큼은 목숨을 걸고 한다. 비록 쇼핑센터에 가면 출입문에서 가장 가까운 곳에 차를 대기 위해 주차장을 몇 바퀴씩 돌긴 하지만 말이다. 이렇게 외출을 마치고 집으로 돌아온 많은 수의 미국인들은 텔레비전을 통해 자동차 광고로 도

035

배된 '나스카 NASCAR' 자동차 경기를 지켜본다.

이처럼 미국인들의 삶에는 자동차의 흔적이 곳곳에 배어 있다. 그러나 일상뿐 아니라 사회의 공간 구조 역시 자동차를 중심으로 조직화되어 있다는 사실에 주목할 필요가 있다.

미디어학자 마셜 매클루언은 "매체가 곧 메시지"라고 말했다. 이 말은 여러 의미로 해석되고 있지만 매클루언의 본래 의도는 '기술은 본래의 목적 이외의 광범위한 결과를 낳는다'는 것이다. 자동차를 단순한 '운송수단'으로만 본다면 이것이 사회와 문화에 끼친 엄청난 영향은 놓치게 된다. 과연 자동차는 '매체 그 자체'로서 미국의 사회와 문화에 어떤 영향을 끼쳤을까.

독일의 '아우토반', 미국 고속도로의 산파가 되다

휘발유로 움직이는 자동차를 처음 만든 나라는 독일이다. 그러나 19세기 후반의 이 발명품을 대량생산해서 싸게 보급한 것은 20세기 초의 미국이었다. 자동차는 '포디즘 Fordism'이라 불리는 대량생산 체제를 통해서 비로소 대중에게 보급되며 영향을 끼치게 되었다.

1910년대 중반에 이미 포드 생산라인 노동자들의 넉 달 치 월급이면 차 한 대를 살 수 있었다. 물론 넉 달 치 월급을 모두 털어 자동차를 구입한 노동자들은 드물었겠지만, 비교적 저렴한 가격으로 인해 자동차 소유자들이 급격히 증가한 건 사실이다.

■ 포드 자동차의 전설적인 '모델 T'. 1909년부터 1927년까지 무려 1500만 대 이상이 생산됐다. 설립자인 헨리 포드는 '자동차'와 '이동생산라인(assembly line)'으로 이름을 날렸지만, 그는 자동차를 발명한 사람도, 이동생산체계를 처음 구축한 사람도 아니었다. 그러나 포드는 대량생산 체제를 효과적으로 이용해 값싼 자동차를 시장에 내놓는 데 성공함으로써 미국의 산업경제와 미국인들의 삶을 혁명적으로 바꿔 놓았다.

하지만 차만으로 무엇을 할 수 있을까? 도로가 없다면 말이다. 당시 미국의 자동차는 포장되지 않은 길을 덜컹거리며 달리는 '말 없는 마차'였을 뿐이었다. 이러한 상황은 2차 세계대전이 끝난 후인 1950년대 중반까지도 크게 달라지지 않았다.

자동차가 도시를 벗어나 마음껏 달릴 수 있게 된 데에는 아이젠하워의 공이 컸다. 1919년, 당시 군인이었던 아이젠하워는 임무를 위해 미국의 동부와 서부를 차로 가로지르는 여행을 했다. 도로여행에는 무려 44일이나 걸렸으며 차의 운행속도는 평균시속 10킬로미터 미만이었다고 한

할아버지들은 빨간 스포츠카를 탄다

다. 이 답답한 여행을 견뎌내야만 했던 아이젠하워는 2차 세계대전 중 독일의 정비된 도로를 보고는 눈이 휘둥그레진다. 독일군의 뛰어난 기동력이 잘 닦인 도로 때문이었다는 사실을 깨달은 것이다.

아이젠하워는 전쟁이 끝나고 대통령이 된다. 그리고 군인 시절부터 생각해 오던 구상을 실천에 옮기기 시작한다. 바로 미국 전역을 연결하는 고속도로를 건설하는 것이다. 노선 계획이 마련되고 연방정부가 재원을 보조하는 법이 통과된다. 이제 주간고속도로^{interstates}가 동부와 서부, 북부와 남부를 잇기 시작한다. 마침내 제대로 된 '자동차 여행'의 초석이 놓인 것이다.

모든 것을 바꾸어놓은 자동차

2차 세계대전이 끝나고 미국에는 호경기가 찾아왔다. 고용과 소득의 증가와 함께 소비도 늘었고 기업은 부지런히 물건을 찍어냈다. 미국인들은 여분의 소득을 여가생활에 쏟아부었다. 이미 전국고속도로의 확대로 인해 여행은 더없이 쉬워진 터. 휘발유 값은 거저나 다름없었다.

자동차 여행이 늘면서 고속도로를 따라 '하워드 존슨'이나 '홀리데이인' 같은 모텔 체인이 생겨났다. 몇 사람 살지 않는 마을에도 여행자를 위한 식당 체인이 하나둘씩 문을 열었다. 오늘날 대표적인 미국 식당 체인이 된 맥도날드나 데니스도 이 시기에 생겨났다.

대규모 모텔 및 식당 체인이 생겨나 급성장을 이룬 시기가 1950년대 이

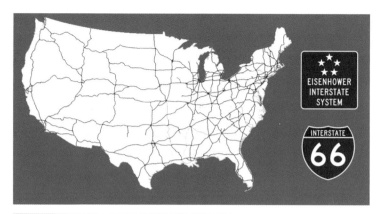

■ 미국의 주간고속도로(interstates) 지도(위). 1991년에 아이젠하워의 공을 기려 그의 이름을 붙였다. 오른쪽 아래의 방패 모양 기호는 주간고속도로를 상징한다. 위에 '주간고속도로' 라는 명칭이 붙어있고, 아래쪽에 노로 번호가 표시되어 있다. 아래 사진은 시카고를 관통하는 주간고속도로의 모습이다. 시내에서 일하던 사람들이 퇴근 뒤 외곽으로 빠져나가고 있다.

후라는 사실은 의미심장하다. 자동차 여행의 발달과 더불어 탄생한 이 업소들은 주간고속도로를 타고 전국에 퍼졌다. 이 표준화된 업소들은 지역의 유서 깊은 호텔과 식당을 몰아내면서 낯선 여행자에게 '예상 가능한' 분위기와 맛을 팔았다.

여행자들을 주요 고객으로 삼았던 모텔과 식당 체인은 운전자들이 쉽게 볼 수 있도록 도로 주위에 원색의 대형 로고를 내걸었다. 이들이 미국의 상이한 지역 문화들을 획일화하는 데 일조했음은 물론이다. 미국에 처음 온 사람들은 아마 어느 곳을 가나 비슷하다는 느낌을 받을 것이다. 도로 주위에 자리 잡은 프랜차이즈 주유소 · 식당 · 모텔이 미국 전역을 엇비슷하게 만드는 데 한몫하고 있긴 하지만 미국의 사회공간을 획일화 시키는 데 결정적인 역할을 한 것은 도로의 확대, 그 자체이다.

미국의 주간고속도로에서 도시로 진입하면 거주지는 잘 보이지 않는다. 고속도로 진입로 근처에는 대개 대형 주차장을 갖춘 쇼핑몰과 식당 체인이 있고, 도시 중심부를 지나 작은 길을 한참 따라가야 주거지가 하나둘 모습을 드러낸다.

자동차가 탄생시킨 주거 공간 '서버비아'

미국의 전형적인 중산층 거주지는 도시에서 벗어난 외곽에 자리 잡고 있다. 이곳에는 잘 가꾸어진 가로수길 양쪽으로 잔디밭이 펼쳐지고, 길을 따라 돌이나 나무로 지은 이층집들이 늘어서 있다. '서버비아^{suburbia}'

■ '서버비아(suburbia)'로 불리는 도시 외곽의 주거지역. 도시에서 벗어나 있지만 통근이 가능한 거리에 위치해 있다. 전형적인 서버비아에 들어서면 도로 양쪽으로 가로수와 잔디밭이 펼쳐져 있고, 그 뒤로 차고가 있는 집들이 늘어선 것을 볼 수 있다.

로 불리는 이 도시 주변의 주거지 역시 자동차가 미국 사회에 가져다준 변화 가운데 하나다.

이미 19세기부터 대형화하기 시작한 미국의 도시들은 여러 문제들로 몸살을 앓고 있었다. 범죄는 증가하고 환경은 오염되었다. 20세기 들어 이런 문제는 더욱 심화됐다. 여전히 인종차별적이었던 미국 사회는 도시로 유입되던 이민자들을 탐탁지 않은 눈으로 바라봤다.

이때 자동차와 잘 닦인 도로는 돈 많은 백인 가정들을 도시 외곽으로 불러냈다. 직장은 시내 중심에 있더라도 아침저녁 몇 시간만 투자하면 '아름답고 평화로운 곳'에 살 수 있으리라는 생각이었다. 이로써 일터와 가정을 기능뿐 아니라 지역으로도 구분하는 전통이 생겨났다. 직장은 '위험하고 더러운' 도시에 있지만 가정은 '안전하고 깨끗한' 외곽에 있어야 한다는 것이다.

차를 살 돈이 없거나 아침저녁으로 출퇴근할 여유가 없는 이들은 도시에 남겨졌다. 경제력이 있는 가정들이 도시를 떠나자 시내의 상점가들은 주말에 아예 문을 닫기 시작했다. 그렇지 않아도 어려운 도시 빈민들의 삶은 더욱더 척박해져 갔다.

비록 서버비아가 자동차 문화의 산물이긴 하지만 이 주거지가 모든 차를 공평하게 받아주지는 않았다. 이 집단 거주지역은 대개 철도나 고속도로와 일정한 거리를 유지하며 대중교통으로 접근하기 어려운 지역에 자리하는 경향을 보였다. 오직 승용차만이 서버비아라는 '섬'을 도시와 연결해주었다.

한편, 서버비아 거주자들의 편리한 생활을 돕기 위해 주거지 외곽에 대형 주차장을 갖춘 쇼핑몰들이 세워졌다. 아이들을 위한 놀이공간도 필요했고 가끔 외식을 할 곳도 있어야 했다. 이렇게 해서 주거지역의 쇼핑몰은 장보기와 오락의 기능을 갖춘 종합적 가족 공간으로 변모했다.

위험으로부터 분리된 중산층들의 주거 공간 서버비아는 미국인들에게 '안전'과 '보호'의 상징이었다. 이런 이유로 인해 서버비아는 미국 공포영화의 효과적인 무대로 이용돼 왔다. 평화로운 '사적 공간' 을 '외부인' 이 침입한다는 전제만큼 미국인들의 안전의식을 자극하는 것도 없기 때문이다. 2007년 개봉한 미국 영화 〈디스터비아〉는 제목에서부터 이런 사회적 통념을 잘 드러내준다. '침해하다^{disturb}' 와 '서버비아^{suburbia}' 를 합친 제목의 이 영화는 '수상한 이웃' 이 거주지의 평화를 파괴하는 과정을 그리고 있다.

미국의 공포영화에서 반복적으로 나타나는 이런 주제는 서버비아를 탄생시켰던 과거의 경험을 끊임없이 상기시킨다. 서버비아는 도시를 지배하던 내부적 모순과 차별의 결과물이기 때문이다. 반세기 동안 서버비아가 갖던 계급적, 인종적 의미는 많이 퇴색했지만 저변에 깔린 사회적 함의는 아직 완전히 사라지지 않았다.

'아메리칸 드림' 은 계속 달릴 수 있을까

미국인들이 잘 쓰는 표현 가운데 '5년에 한 번씩 차를 바꾼다$^{a\ new\ car\ every\ five\ years}$' 는 말이 있다. '큰 부자는 아니더라도 궁핍하게는 살지는 않는다' 는 뜻이다. 보통 5년이 되면 자동차 할부금이 정리되면서 새 차가 차고에 들어설 준비를 한다. 기존에 쓰던 차는 고등학교 상급생이나 대학교 초년생이 된 아들딸들의 몫이 된다.

헌 차의 어린 새 주인들은 열심히 세차를 해서 '새 차 냄새$^{new-car\ smell}$' 가 나는 방향제를 뿌린 후 애인을 태우러 갈 것이다. 이렇게 해서 부모들의

043

고충은 하나 더 늘게 된다. '애들이 밖에서 뭐 할까'를 걱정하던 부모들은 이제 '차 안에서 뭐 할까'도 근심해야 한다.

미국 고속도로에서 빨간색 스포츠카를 몰고 다니는 사람을 발견했다면 유심히 살펴보자. 태반이 머리가 하얗게 센 노인들일 것이다. 특히 빨간색 모자를 쓴 운전자는 거의 예외 없이 할아버지들이다.

미국에서는 노인까지 스포츠카를 몬다고? 슬하에 자식이 딸린 사람이면 어쩔 수 없이 여러 명을 태울 수 있는 승합차나 대형 승용차를 살 수밖에 없다. 좌석이 두 개 달린 스포츠카를 사려면 우선 자식들이 독립해야 하고, 주택 융자금을 갚은 뒤에도 남는 돈이 있어야 한다.

꿈꾸던 스포츠카는 백발과 함께 오고 옛 열정은 빨간 모자가 되어 흰 머리를 덮는다. 비록 몸은 노쇠했지만 '마음만은 이팔청춘'. 미국 할아버지들이라고 다를까.

'자동차 문화'라는 말이 미국처럼 어울리는 곳도 없지만 이 발명품이 실어온 '아메리칸 드림'은 서서히 흔들려가고 있다. 미국은 이미 일본에게 자동차 최대생산국의 자리를 내주었다. 품질 면에서는 유럽에 뒤진 지 오래다. 자동차산업의 메카로 존경받던 디트로이트는 최악의 실업률이 지배하는 우울한 도시가 되었다.

그러나 무엇보다 가장 큰 문제는 미국의 자동차 문화를 가능케 했던 저유가 시대가 지났다는 것이다. 2000년대 초반만 해도 리터당 300~400원에 머물던 휘발유 값은 이라크전쟁을 지나며 두 배 이상 뛰었으며, 2008년에 중반에 들어서는 리터당 1000원을 넘어섰다.

오랫동안 큰 차를 타는 데 익숙해 있었던 미국인들은 이제 머리를 긁적이며 작은 차로 눈을 돌리고 있다. '아메리칸 드림'을 실어온 미국의 자동차. 이 꿈의 자동차가 당장 멈추지는 않겠지만 몸집이 줄어들 것만은 분명해 보인다. 크기 면에서나, 배기량 면에서나.

할아버지들은 빨간 스포츠카를 탄다

재채기를
막아라,
팔뚝으로!

'위생^{hygiene}' 은 과학 못지않게 문화와 깊은 관련이 있다. 사실 우리가 아는 위생 관념은 근대의 발명품이다. 상하수도, 소독약, 탈취제, 실내 화장실 등 우리가 위생과 관련짓는 대상 대부분이 근대 이후 출현했다. 바이러스가 처음 발견된 것도 19세기 후반이었다.

과거의 사람들은 현재 우리와는 사뭇 다른 위생 관념을 가지고 있었다. 어쩌면 미래 후손들은 미생물을 박멸하는 것을 위생으로 생각하는 우리를 기괴한 눈으로 바라볼지도 모른다. 그 가능성은 '친환경' 과 '유기농' 등 자연을 바라보는 새로운 관점에서 이미 발견되고 있다.

나는 스타벅스에서 불온한 상상을 한다

위생의 개념은 시대뿐 아니라 지역과 문화에 따라서도 큰 차이가 난다. 세균과 바이러스를 무찌르는 것을 '과학의 개가'로 선전하는 관행이 보편적 힘을 발휘하고 있지만, 인간 사회를 완전한 무균상태로 만드는 것은 사실상 불가능하다. 따라서 일정한 '관용'은 불가피하다. 이때 어느 부분에서 눈을 부릅뜨고 어느 부분에서 눈을 감을 것인지는 지역과 문화권, 그리고 개인의 성향에 따라 달라진다.

커뮤니케이션 학자이자 문명비평가인 닐 포스트먼에 따르면 미국은 "과학이 문화를 지배하기 시작한 최초의 나라"다. 이 역사 초유의 '테크노폴리Technopoly' 사람들은 위생을 어떻게 생각하고 있을까? 또 미국인들만의 위생 관념은 그들의 삶과 문화에 어떤 영향을 끼치고 있을까?

손, 교류와 병원균의 통로

사람의 몸은 세균, 바이러스, 곰팡이 등의 온상이다. 머리부터 발끝까지 예외가 없지만 가장 문제가 되는 부분은 손이다. 물론 서식하는 미생물의 수로 따진다면 손은 사타구니나 겨드랑이, 입을 따라오지 못한다. 그러나 이 부위들은 일상적인 교류에 손만큼 널리 사용되지는 않는다.

미국인들에게 손은 애증의 대상이다. 미국인만큼 악수를 많이 하는 사람들도 없지만 손의 위생 상태에 대해 이들만큼 민감한 사람들도 드물다. 충돌하는 이 두 가지 관습을 평화롭게 공존시키는 방법은 단 하나. 끊임없이 씻고 소독하는 것뿐이다.

047

재채기를 막아라, 팔뚝으로!

■ 미국 어느 식당 화장실의 직원 손 씻기 안내문. '비누칠은 20초 이상 하고 수도꼭지는 화장지로 덮은
 상태에서 잠그라'는 등 손을 씻는 구체적인 방법이 그림과 함께 명시되어 있다.

미국에 온 지 얼마 되지 않았을 무렵 커피숍에서 겪은 일이다. 종이컵에
담아 뚜껑을 덮어주는 커피를 사서 조금씩 마시다 보니 어느새 바닥이
드러났다. 동전 하나만 내면 다시 커피를 채워준다고 해서 컵을 들고 점
원에게 갔다.

돈을 내고 계산대에 빈 컵을 밀어놓았는데도 점원은 그 컵을 집어들 생
각을 하지 않았다. 서로 눈길을 마주한 채 잠시 어색한 침묵이 흘렀다.
눈치를 보던 점원이 결국 뺨을 붉히며 입을 열었다.

"뚜껑을 직접 열어주시겠어요?"

"그러지요" 하고 컵을 끌어당기자 점원은 미안하다는 투로 이방인인
나에게 한마디 보탠다.

"웃기죠? 점원들은 손님이 한 번 썼던 뚜껑은 못 만지게 되어 있거든요."

나는 스타벅스에서 불온한 상상을 한다

도서관 반납 업무처럼 다른 사람의 손이 닿던 물건을 일상적으로 만져야 하는 사람들의 책상 위에는 흔히 살균제가 놓여 있다. 남의 손에 '오염된' 물건과 닿은 자신의 손을 처리하기 위해서다. 이들의 염려를 덜어주기 위해 출시된 다양한 살균제들이 '최고의 살균력'과 '간편한 용법'을 요란하게 선전한다. '99.99퍼센트의 살균력'을 자랑하는 이 손바닥 세정제들은 물도 필요 없다. 그냥 화장품처럼 문지른 다음 말리기만 하면 그만이다.

'손 위생'에 대한 미국인들의 큰 관심은 살균용품시장을 거대한 규모로 키워 놓았다. 2008년 3월 9일자 AP 보도에 따르면 현재 미국에서 팔리고 있는 살균용 세정용품만 해도 1600여 가지나 된다. 기업들은 살균용품을 팔아 매년 수천억 달러의 수익을 내며 이 시장은 해를 거듭할수록 커지고 있다.

팔뚝, '공인된' 재채기 제어수단

손에 대한 관리는 예절과 규범에서도 큰 비중을 차지한다. 손은 늘 오염되어 있기 마련이다. 이 사실을 모르는 사람은 없다. 그러나 손이 사회적 관용의 대상인 '일상적 오염' 이상의 상황에 노출되는 것은 피해야 한다. 미국에서는 손바닥에 재채기를 하거나 손을 씻지 않고 화장실을 나오는 행위, 땀에 젖은 손으로 악수를 청하는 것은 모두 사회적 금기에 해당한다.

049

가장 중요한 것은 이러한 오염 상황이 공적 장소에서 일어난 경우 어떤 조치를 취하거나 취하는 척이라도 해야 한다는 사실이다. 재채기를 하지 않는 것이 가장 좋지만, 불가피한 경우에는 입을 막고 해야 한다. 이때 손바닥은 곤란하다. 그 손은 언제든지 '교류용'으로 사용될 수 있으며 돈이나 문 손잡이, 컴퓨터 키보드, 전화 수화기, 수도꼭지 등 공적 자산을 광범위하게 오염시킬 위험이 있기 때문이다.

미국인들은 재채기를 막는 데 가장 바람직한 부위로 팔뚝을 꼽는다. 손목에서 어깨 사이 어디든 상관없지만, 손에서 최대한 멀리 떨어진 어깨쪽이 좋다. 손에서 먼 곳일수록 타인에게 끼치는 영향을 최소화할 수 있고, 어깨에 가까울수록 표면적이 넓어 공중으로 퍼지는 바이러스를 효과적으로 제어할 수 있기 때문이다.

공개된 장소에서 코나 귀, 입속에 손가락을 넣는 행위도 피해야 한다. 화장실 밖으로 나가기 전에는 반드시 수도꼭지를 틀어야 한다. 비누를 쓸 필요도, 오래 씻을 필요도 없다. 주위 사람들은 물소리를 내는 것만으로도 충분히 안도할 것이다.

만약 재채기가 나올 때 무의식중에 손바닥을 가져갔다면 어떻게 해야 할까? 먼저 조용히 주위를 살피자. 목격자가 없다면 그냥 하던 일을 계속하면 된다. 그러나 근처에 누군가 있다면 자리를 잠시 떴다가 돌아오는 것이 좋다. 꼭 손을 씻기 위해서가 아니라 뭔가 조치를 취했다는 느낌을 주기 위해서다.

그러나 씻지 않은 손으로 화장실을 나오는 것이 목격되거나 코 속에 손

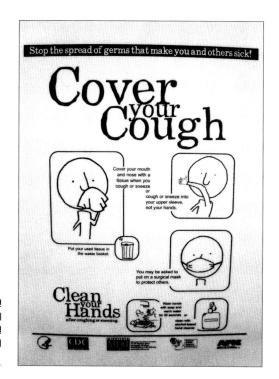

■ 미국의 한 공립학교에 게시되어 있는 보건 안내문. '기침이나 재채기를 할 때에는 휴지로 입과 코를 막으라'고 쓰여 있다. '만일 휴지가 없는 경우 손 대신 팔을 쓰라'는 내용도 보인다.

가락을 넣은 채 남과 눈이 마주치는 상황은 다르다. 이 경우는 상대가 얼굴을 기억하지 못하도록 최대한 빨리 자리를 피해야 한다. 코를 후비는 것은 재채기와 달리 생리적 현상이 아닌 '유희'의 영역이며, 오염된 손으로 화장실을 뜨는 것은 게으름과 허술한 위생 관념을 드러낼 뿐이다. 여기에는 어떤 변명의 여지도 있을 수 없다.

재채기를 막아라, 팔뚝으로!

사람보다 개에게 키스를

미국인들은 위생에 엄격하지만 모든 영역에서 그런 것은 아니다. 미국인들은 타인의 신체에 의한 생물학적 오염에 특별히 민감하게 반응하는 경향이 있다. 반면에 다른 나라 사람들이 꺼릴 만한 부분에 대해서는 둔감한 경우가 많다. 개와 뽀뽀하는 것을 더럽게 생각하지 않는 태도가 그렇다.

2005년 10월 14일, 미국의 ABC 방송은 '미국인들이 널리 믿는 신념들'을 소개했다. 그 가운데 하나가 '정말로 개의 입은 사람 입보다 깨끗한가?'였다. 이 방송은 "개가 상처를 핥는 습관 때문에 사람들이 개의 입을 깨끗하다고 생각하는 경향이 있다"고 분석했다. 그리고는 수의사 등 전문가의 도움을 받아 "개도 입에 세균이 있기 때문에 완전히 안전하지는 않다"고 진단한 뒤 인상적인 결론을 내린다.

"개의 입에도 병균이 있지만 같은 개들 사이에서만 전파되고 사람에게는 전염되지 않는 질병도 많다. 그런 이유로 개에게 키스하는 것이 사람에게 키스하는 것보다 심각한 병에 걸릴 확률이 더 낮다. 그러나 개도 균을 옮길 수 있는 만큼 제때 예방접종을 하고 구충제를 먹이는 것이 좋다. 그러면 별 걱정을 하지 않아도 된다."

미국인들은 또 바닥에 잘 앉거나 드러눕는다. 개똥이 널린 잔디에도 잘

■ ■ 상점 진열대에 놓인 살균 스프레이와 살균을 겸한 섬유유연제. 미국의 살균용품시장은 매년 커지고 있으며, 현재 1600가지 이상의 다양한 제품들이 팔리고 있다.

드러눕고 공항이나 미술관 바닥 같은 곳에도 곧잘 엉덩이를 깔고 앉는다. 또한 식생활에서 드러나는 위생 관념도 한국인들과는 사뭇 다르다. 한국인들이 끔찍하게 생각하는 태운 고기나 스티로폼 컵에 대해 별 반감을 보이지 않는다. 반면에 탄수화물에 대해서는 경악한다.

테러의 공포, 마케팅 수단이 되다

살균용품에 대한 미국인들의 관심과 수요는 계속해서 늘고 있다. 매년 새로운 살균용품이 소비자를 찾는다. AP 보도에 따르면 2003년과 2006년 3년 사이만도 살균용품의 종류가 무려 여덟 배 이상 증가했다. 이러한 통계는 미국인들의 위생에 대한 관심이 폭발적으로 증가하고 있음을 말해준다. 하지만 미국인들이 위생에 대해 이처럼 우려를 갖게

053

된 이유는 무엇일까. 주목할 것은 살균용품의 종류와 매출이 폭발적으로 증가한 시점이 9·11테러 이후라는 사실이다.

9·11테러 이후 미국 정부는 '테러와의 전쟁'을 선포하며 국민들에게 '생화학 테러'의 위험을 지속적으로 홍보해왔다. 탄저병이 테러 수단으로 쓰일 가능성은 없다는 학계의 주장에도 불구하고 정부의 이 같은 노력 덕분에 '흰 가루'는 어느덧 미국인들에게 공포의 대상이 되었다. 정부가 유포한 생화학 테러의 공포는 미국인들의 위생 관념을 강박으로 바꾸어 놓았다. 사스(SARS, 급성 호흡기 증후군)와 조류독감도 공포 분위기 조성에 한몫했다.

그러자 기업들은 소비자들의 공포심을 한껏 활용했다. '공포에 질린 국민들은 다스리기 쉽다'는 정치적 상식이 '소비자'들에게도 통한다는 사실을 기업인들은 잘 알고 있었다.

5초 법칙

몇 년 전, 거지 같은 행색으로 긴 여행을 다녔던 적이 있다. 그러다가 비슷한 처지의 일본 청년을 만났다. 둘 다 배가 고팠으나 식당에 갈 돈은 없었다. 둘이 주머니를 털어 빵 한 덩어리를 샀다. 그리고는 벤치에 앉아 빵을 반으로 나누었다. 일본인 친구는 정신없이 빵을 먹다가 주먹만 한 조각을 땅바닥에 떨어뜨렸다. 당황하던 것도 잠깐, 그 친구는 차분하게 빵을 집어 먼지를 털었다. 그리고는 고개를 돌려 말했다.

054

"5초 안에 주워서 먹으면 괜찮아."

한국에서도 어린 시절 친구 한 명이 떨어뜨린 과자를 주우면서 이와 비슷한 말을 했던 적이 있다. 흥미로운 건 미국에도 똑같은 미신이 있다는 사실이다. 이른바 '5초 법칙$^{five-second\,rule}$' (가끔 '10초 법칙'을 주장하는 사람들도 있다). 재빨리 움직이면 균에 오염되기 전에 음식을 집을 수 있다는 것이다.

과학을 좋아하는 미국인들이 이를 검증하지 않을 리 없다. 몇몇 과학자들이 이 주장의 과학적 근거를 따져보기 위한 실험을 했다. 결론은? 5초 이내에 얼마든지 바이러스가 침투할 수 있었다. 중요한 것은 '몇 초'가 아니라 '어느 바닥'에 떨어지느냐다. 당연하지 않은가?

버려진 음식을 아까워하는 것은 만국 공통인 것 같다. 궁핍을 경험하지 않은 나라는 없기 때문이리라. 결국 '5초 법칙'은 땅에 떨어진 음식을 집으면서 '과학'의 이름으로 위안을 얻으려는 노력이다. 사람은 '합리적인 동물'이 아니라 '합리화하는 동물'이라는 사실을 말해주는 것일까? 아니면 문화는 다양하지만 사람 사는 것은 다 비슷하다는 점을 보여주는 것일까?

재채기를 막아라, 팔뚝으로!

여자들은
모르는
남자 화장실의 세계

남자의 요도는 여자보다 길다. 여자의 요도 길이가 5센티미터 미만인 반면 남자는 그 서너 배인 15~20센티미터에 달한다. 긴 요도의 장점은? 소변을 오래 참을 수 있다. 단점은? 참을 필요가 없고 참고 싶지도 않은 때조차 참는 상황이 계속될 수 있다.

다양한 요인들이 현대 남성들의 배뇨를 방해한다. 요도협착증과 같은 질병은 말할 것도 없고 여러 가지 사회·심리적 요인들이 남자들을 '요도가 길어 슬픈 짐승'으로 만든다. 사회적 요인 가운데 가장 대표적인 것은 대인 거리에 따른 심리적 강박이다. 문화인류학자 에드워드 홀은 사람들이 대인관계에 따라 일정한 거리를 유지한다는 사실을 밝혀냈다.

056

홀에 따르면 사람들은 낯선 이들과는 친한 사람들보다 더 먼 거리를 유지하고 싶어 한다. 모르는 사람이 가까이 다가오면 불편함과 당혹감을 느끼게 된다. 사람들 각자가 보이지 않는 투명한 사회적 보호막을 가지고 있는 셈이다. 다른 이에게 침해받지 않는 자신만의 영역. 사람들은 연인처럼 친밀한 사람에게만 이 투명 보호막의 문을 살짝 열어준다.

그러나 이러한 문화적 규범을 여지없이 무너뜨리는 생물학적 욕구의 공간이 있으니 바로 화장실이다. 이 문제는 남자 화장실에서 특히 심각하게 나타난다.

남자 화장실, 비사회적 욕구의 공간

여자 화장실은 꽃이나 그림이 걸려 있기도 하고, 친구에게 '함께 가자'고 권할 수도 있는 문화적 교류의 장이다. 하지만 남자 화장실을 보자. 그곳은 최소한의 기능적 요소만을 갖춘 '미니멀리스트적' 공간이다. 친밀한 담소의 장소인 여자 화장실과 달리 남자 화장실에서는 침묵이 최고의 미덕으로 간주된다. 여자 화장실이 말 그대로 '화장을 하는 곳'이라는 부가적 기능을 겸하는 데 반해 남자 화장실은 쓰레기 투기장에 가깝다. 남자 화장실이 담론의 장이 될 수 없는 이유는 쓰레기장이 적절한 대화의 공간이 아닌 것과 같다.

남자 화장실을 지배하는 것은 오직 냉철한 효율성의 원칙이다. 최대한 빠르고 간편하게 일을 처리하고 나갈 것. 될 수 있으면 다른 사람들과

057

■ 남자 화장실은 최소한의 기능적 요소만을 갖춘 공간이다. 효율성을 중시한 남자 화장실에서 사회적 거리는 쉽게 무시된다.

눈도 마주치지 않는 것이 좋다. 시선 교환은 대화로 이어지기 마련이고 이런 원치 않는 '교류'는 효율성을 해치는 결과를 낳기 때문이다. 특히 바지춤을 푼 채 헛되이 힘을 쏟고 있는 이에게 말을 거는 것은 커다란 금기다.

그러나 효율적인 배뇨는 생각처럼 쉽지 않다. 소변은 괄약근의 허락을 받은 후 긴 요도를 통과해야 한다. 문제는 이 괄약근이 심리상태에 쉽게 영향을 받는다는 점이다.

화장실이 인간 문명에서 차지하는 비중을 고려하면 이 공간은 지나치

나는 스타벅스에서 불온한 상상을 한다

게 협소하다. 그로 인해 화장실 안에서는 사회적으로 통용되는 거리두기의 원칙이 간단히 무시된다. 남자 소변기에 서는 일은 낯선 사람과 팔꿈치가 닿을 정도로 인접한 환경 속으로 들어가는 것이다.

지퍼를 내리고 다시 올리기까지 걸리는 1~2분. 이 짧은 시간 동안 남자들의 머릿속에는 사회적 규범과 남성 정체성에 관한 수많은 생각과 갈등이 스쳐지나간다. 미국도 예외가 아니다. 특히 '프라이버시'가 대인관계의 핵심적 요소로 작용하는 북미 국가에서는 남자 화장실 내에서 좀더 미묘한 신경전을 관찰할 수 있다.

미국의 블로그나 웹사이트에는 '화장실 예절 준수'를 당부하는 글이 흔히 올라온다. 우스개와 진담을 반씩 섞은 게시물을 살펴보면 화장실 이용 '자격검증' 시험은 물론 교육용 단편 영화와 학습용 게임까지 있다. 이 자료들의 도움을 빌려 미국 남자 화장실 예절을 살펴보자.

규칙 1. 옆 사람과 최대한 멀리 떨어져라

에드워드 홀의 '공간근접학 proxemics'은 대인 거리에 문화적 차이가 있다는 점을 지적한다. 북미 사람들은 아시아나 중남미 사람들에 비해 좀더 먼 대인 거리를 유지하려는 경향이 있다는 게 그 예이다.

이 때문에 두 문화권 사람이 만나면 거리를 둘러싼 흥미로운 '문화충돌'이 일어난다. 아시아나 중남미에서 온 사람들이 북미 사람에게 다가서면 북미 사람은 편안한 거리를 유지하기 위해 뒷걸음질 친다. 상대는 이 불편한 거리를 좁히기 위해 다시 한 발 다가서고, 북미 사람은 다시

여자늘은 모르는 남자 화장실의 세계

뒷걸음치는 상황이 반복되는 것이다.

서구 문화에서 강조되는 프라이버시는 대인 거리와 밀접한 관련을 맺고 있다. 특히나 미국인들은 유별나다. 원하지 않는 접촉을 꺼리는 것은 물론 줄을 설 때에도 앞 사람과 멀찍이 떨어져서 기다린다. 그래서 이 사람이 줄을 선 것인지 아니면 그냥 먼 산을 보고 있는 것인지 혼란스러운 경우가 많다. 그 때문에 줄 근처에서 어슬렁거리기만 하면 "지금 줄을 서신 건가요?^{Are you in line?}"라는 질문을 받기 일쑤다.

이처럼 대인 거리를 중시하는 미국인들이니 화장실이라는 당혹스러운 상황이 더욱 당혹스럽게 느껴질 것이다. 게다가 경제성을 누구보다 따지는 미국인들 아닌가. 그 좁은 남자 소변기 사이에 칸막이조차 생략하는 경우가 허다하다. 그리하여 미국 남자들은 이 물질적 부재를 사회적 규범으로 해결하려는 눈물겨운 노력을 벌인다.

공중 화장실에 소변기 5개가 일렬로 늘어선 상황을 가정해보자. 만일 모두 비어 있다면 어디로 가야 할까? 아무 곳이나 써도 좋다고 생각한다면 큰 오산이다. 이 상황은 미국 남성들에게 분명한 선택을 요구하고 있기 때문이다. 정답은 입구에서 가장 멀리 떨어진 왼쪽이나 오른쪽 구석의 소변기다.

벽에 인접한 구석 자리를 잡는 것은 두 번째 사람에게 가장 편리한 선택의 길을 열어주기 위한 배려다. 두 번째로 들어온 사람은 그 반대편 가장 먼 소변기로 가서 안착할 것이다. 세 번째 사람은 가운데 변기를 고를 것이다. 이렇게 함으로써 세 사람은 변기 한 개씩을 사이에 두고 사

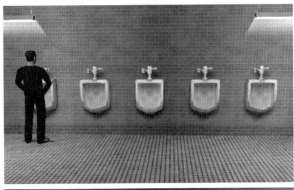

■ 미국 웹사이트와 블로그에는 화장실 예절에 대한 글들이 자주 올라온다. 그림은 화장실 예절을 다룬 애니메이션으로 사생활과 대인관계에서의 거리를 중시하는 미국인들의 특성을 재치 있게 보여주고 있다.

회적 거리를 유지할 수 있게 된다.

규칙 2. 거리를 유지할 수 없다면 피해를 최소화하라

만일 첫 번째 사람이 엉뚱하게 두 번째나 네 번째 변기를 고른다고 생각
해보자. 이때 다른 두 사람이 잇따라 화장실로 들어온다면 상황은 혼란
스러워진다. 첫 사람이 지탄을 면치 못할 것은 당연하다. 그의 잘못된
선택이 세 명이 사용할 수 있는 5인용 소변기를 2인용으로 전락시켰기
때문이다.

만일 이런 상황이라면 세 번째 사람이 선택할 수 있는 소변기는 없다.
그는 투덜거리며 좌변기로 가든지 아니면 되돌아와야 한다. 그러나 사
태가 좀더 긴박하게 돌아가는 경우도 있다. 공연장이나 경기장처럼 수
요에 비해 공급이 턱없이 부족한 경우나, 촌음을 다투는 급한 상황에서
는 이런 여유가 불가능하기 때문이다.

만일 완충지대가 존재하지 않는 상황이라면 어디에 가서 급한 불을 꺼
야 할까? 정답은 양쪽 가장자리다. 이 선택은 한 명의 완충지대만 침해
하는 차악의 결과를 보장하기 때문이다. 그러나 이보다 복잡한 상황도
많다. 한 개인 사용자가 있고 옆에 두 명의 친밀한 동료가 나란히 서서
소변을 보는 경우가 그렇다. 이 경우 개인과 '커플' 중 누구의 완충지대
를 침범해야 할까?

물론 최선의 선택은 이 위기 상황이 종료될 때까지 기다리는 것이다. 하

지만 그럴 여유가 없다면? 이 경우에는 커플 쪽에 서는 것이 정답이다.

그렇지 않으면 엉뚱한 '싱글'을 나와 커플로 만들기 때문이다.

남자 화장실에서 선택의 문제는 '남성성'과도 결부된다. 이는 두 개의 소변기와 한 개의 좌변기가 있는 소규모 화장실에서 잘 드러난다. 만일 두 개의 소변기 가운데 하나를 다른 사람이 사용하고 있는 경우 어떤 선택이 바람직할까?

사실 어떤 선택을 하든지 상대방에게 큰 결례가 되지는 않는다. 오히려 이런 경우 예절보다는 '정체성'이 선택에 큰 몫을 하는 것 같다. 개인적인 관찰 결과 좌변기로 가는 사람이 좀더 많았다. 그러나 옆에 서는 사람도 적지 않았다. 미국인 친구에게 "너는 어떻게 하느냐"고 물어보았다. 그 친구는 "좌변기로 간다"고 말하며 다음과 같이 덧붙였다.

"자기가 '남자답다'고 생각하는 사람일수록 소변기로 나란히 서는 것 같더라고. 그런데 난 별로 남성성을 과시하고 싶은 생각이 없어서."

우등과 열등이 아닌 '다름'의 문제

서구 문화가 세계적으로 영향력을 발휘하면서 서구적 삶과 사고를 '표준'으로 간주하는 사람들이 있다. 그러나 서구 예절은 단일한 기준이 아니다. 심지어 미국 내에서조차 예절에 대한 완전한 합의는 존재하지 않는다. 어떤 이들은 만나기만 하면 덥석 안고 보지만 어떤 이들은 안기는 것을 끔찍이 싫어한다. 밥을 먹다가 식당이 떠나가게 코를 푸는 이가

063

있는가 하면 이를 벌레 보듯 쳐다보는 사람들도 있다.

게다가 개인적인 취향의 차이는 이러한 사회적 합의를 더욱 복잡하게 만든다. 극장에서 영화를 보는 가운데 들려오는 잡담을 참는 사람이 있는 반면 팝콘 씹는 소리까지 거슬려하는 사람도 있다. 같은 나라와 지역 안에서도 도시의 규모에 따라 예의범절은 조금씩 달라진다. 보통 인구 밀도가 높은 대도시일수록 대인 거리가 잘 지켜지지 않는다. 여기에 문화적 차이까지 결합하면 문제는 더욱 복잡해진다.

한국과 서구의 예절을 단순비교하면서 한국인들을 '예의 없다'고 단정 짓는 사람도 있다. 그러나 한국인들은 결코 무례하지 않다. 단지 다른 예절을 가지고 있을 뿐이다. 미국인들은 낯선 아기를 쓰다듬고 결혼 여부를 묻는 한국인이 무례하다고 생각할지 모르지만 한국인들은 책상에 구둣발을 올리거나 부모 이름을 부르는 미국인들을 무례하다고 생각한다. 물론, 모든 미국인들이 이런 행동을 하지는 않는다. 모든 한국인이 낯선 사람을 어루만지거나 사생활을 캐묻지 않듯 말이다.

물론 어느 기준으로도 예의 없는 사람들이 있다. 그러나 그것은 '한국인'의 문제가 아니라 어느 사회에나 존재하는 무례한 개인의 문제일 뿐이다.

나는 스타벅스에서 불온한 상상을 한다

슈퍼볼,
남성성 그리고
대중매체

먼저 다음 쪽 사진을 보자. 같은 날 같은 시간대 〈뉴욕타임스〉 〈보스턴글로브〉 〈로스앤젤레스타임스〉의 웹사이트 메인화면을 캡처한 것이다. 세 언론은 2008년 2월 초에 열린 NFL(미국 미식축구리그) 결승전인 '슈퍼볼Super Bowl' 경기의 결과를 알리고 있다. 이 사진을 통해 미국 사회의 어떤 면을 알 수 있을까?

우선, 2008년 슈퍼볼에서 뉴욕 연고의 '뉴욕 자이언츠New York Giants' 가 보스턴 연고의 '뉴잉글랜드 패트리어츠New England Patriots' 를 이겼다는 사실이다. 〈뉴욕타임스〉가 자이언츠의 우승 소식에 숨이 넘어갈 듯 기뻐하는 사람들을 첫머리에 실은 반면 〈보스턴글로브〉는 절망한 모습으로

065

■ 미국 지역 언론의 2008년 슈퍼볼 결과 보도. 미국 스포츠는 강한 지역적 토대를 갖추고 있다. 본래 소수 대학생들의 참여 스포츠였던 미식축구는 대중매체와 더불어 대중적인 '관람 스포츠'로 발전했다.

드러누워 있는 뉴잉글랜드 팀 선수의 모습을 보여준다. 17 대 14로 패배한 결과를 전하는 〈보스턴글로브〉 기사의 제목이 간결하면서도 극적이다.

"끝 The End."

한쪽은 환희의 비명을 지르고 다른 한쪽은 세상이 끝난 듯 누워있는데도 북미 대륙 서쪽 끝의 〈로스앤젤레스타임스〉는 아주 차분하다. 해당

나는 스타벅스에서 불온한 상상을 한다

기사를 찾으려면 웹사이트 하단의 스포츠 면을 뒤져야만 한다. 앞의 두 언론이 경기 결과로 죽고 사는 반면 로스앤젤레스의 언론은 동부팀의 경기에 그다지 열정적인 반응을 보이지 않는다. 말 그대로 '강 건너 불 보듯' 하고 있는 것이다.

사회통합 기제로서 미식축구

이는 미식축구가 강한 지역적 기반을 가지고 있다는 사실을 말해준다. 미국은 지리적으로 광범위하고, 문화적으로 이질적이며, 인종적으로 다양하다. 미국 전역에는 각 지역을 대표하는 운동팀이 있고 미국인들은 이들을 응원하는 가운데 공동체의 일원이라는 사실을 배운다.

미국은 다양한 문화적 배경의 이민자들로 구성돼 있다. 여기에 개인의 개별성과 독립성의 가치를 지속적으로 강조해온 곳이 바로 미국 사회다. 이런 나라에서 각 개인들을 엮어 사회로 통합하는 일은 중요하고도 어려운 과제가 아닐 수 없다.

미국에서 사회 통합의 역할을 하는 것은 스포츠, 영화, 텔레비전 등 대중문화다. 미국에서 이 분야가 세계적인 경쟁력을 갖춘 산업으로 발전한 것은 결코 우연이 아니다. 이들은 단순한 문화상품이 아니라 핵심적 사회제도의 일부이기 때문이다.

야구, 농구, 미식축구 모두 미국을 대표하는 스포츠지만 그 가운데서도 미식축구가 차지하는 비중은 매우 크다.

067

미식축구는 이미 1970년대부터 야구를 제치고 가장 대중적인 미국 스포츠로 자리 잡았다. 이것은 단순히 운동에 대한 선호의 변화만을 뜻하지 않는다. 이 변화는 사회구조의 변화와 더불어 등장한 미국의 새로운 성적 정체성을 드러내기도 하기 때문이다. 미식축구는 미국 사회에서 '남성성'을 대표하는 상징으로 자리 잡았다.

미식축구, '남성성'의 상징이 되다

1960년대까지만 해도 미국에서 가장 인기 있는 운동은 단연 야구였다. 야구는 미국의 아버지와 아들 사이의 남성적 유대의 상징이었다. 할리우드 영화에서 흔히 볼 수 있는 아버지와 아들의 캐치볼 장면은 '친밀한 부자 관계'에 대한 환유적인 표현이다.

그러나 1970년대 이후 미식축구는 급격히 성장한 반면 야구의 인기는 서서히 줄어들었다. 2005년 여론조사에 따르면 미국인 가운데 프로 미식축구를 즐기는 사람은 전체 인구의 34퍼센트, 대학 미식축구 팬은 13퍼센트이다. 미국인의 절반 가까이가 미식축구를 가장 좋아하는 경기로 꼽은 것이다. 이에 반해 야구를 꼽은 사람은 14퍼센트에 머물렀다. 야구에서 미식축구로의 선호도의 변화. 여기에는 여러 가지 이유가 있다.

첫 번째는 텔레비전의 영향이다. 1950년대를 지나면서 미국 가정의 텔레비전 보급률이 급격히 늘었다. 야구는 정해진 시간 없이 경기가 끝날 때까지 지속되는데다 진행 속도도 느려 텔레비전 화면으로 극적인 장면을

■ 미식축구의 인기 상승과 '남성성'의 상징 구축에는 대중매체의 영향이 크게 작용했다. 다른 경기에서 난폭함과 폭력성은 경기 외적인 요소지만, 미식축구에서는 핵심적인 요소가 된다. 언론은 과격한 경기일수록 '훌륭한 경기'로 보도하곤 한다.

연출하기 어려운 경기다. 게다가 야구 시즌인 여름은 가족들이 집 안보다는 밖에서 보내는 시간이 많아 고정된 시청자를 확보하기 어렵다.

반면 미식축구는 짧은 시간에 '화끈한' 모습을 빠른 전개로 보여줄 수 있어 텔레비전 중계에 안성맞춤이다. 더욱이 미식축구 시즌은 실내에서 머무는 시간이 많은 가을과 겨울이어서 자연스럽게 텔레비전 문화와 결합했다. 브라운관 위에서 건장한 육체가 과격하게 부딪치는 모습

069

은 야구보다 훨씬 더 극적으로 '남성성'을 구현하는 것처럼 보였다.

야구는 날씨가 나쁘면 경기를 미루기도 하고 중단하기도 하지만 미식축구는 그런 '나약한 모습'을 보이지 않았다. 선수들은 빗속에서도, 눈속에서도, 진흙탕 속에서도 뒹굴었다. 이렇게 미식축구는 자연스레 남성성의 상징이 되었다.

학교에서 여학생들의 선망의 대상은 공부 잘하는 우등생이 아니라 건장한 체격의 미식축구 선수다. 학교 팀의 쿼터백은 언제나 염문을 뿌리고 다니며 인기를 독차지한다. 두꺼운 안경을 쓴 '범생이nerd'들은 이런 스타 선수들을 부러운 눈으로 바라보기 일쑤다.

물론, 나중에 더 많은 연봉을 받을 것이라고 스스로 위로하지만 젊은 학생들에게 미래가 현재만큼 중요할 리 없다. 게다가 잘나가는 미식축구 선수의 연봉은 의사나 변호사와 비교할 바가 아니다. 그 때문에 아들을 둔 미국 부모들은 한 달에 몇만 원 하는 학습지에는 손을 벌벌 떨면서도 수십만 원짜리 운동복과 장비에는 아낌없이 지갑을 연다.

개척의 폭력, 자본주의의 규율

미국은 오랫동안 개척시대와 농경사회의 전통을 유지하면서 육체노동에 남성성의 의미를 부여해왔다. 그러나 산업화와 더불어 이들이 도시의 생산 시설에 투입되면서 남성의 정체성은 위기에 직면했다. 기업의 집단적이고 위계적인 조직구조는 남성성의 핵심인 개별성과 독립성도 위협하기 시작했다.

야구와 미식축구 같은 운동 경기는 미국인들에게 잃어가는 남성성을 확인시키는 수단이었다. 남성성이 가장 위태로울 때 '남성적 스포츠'가 발전했다는 사실은 흥미롭다. 이것은 남성성이라는 것이 자연의 산물이 아니라 허구적인 사회적 구성물임을 보여준다. 남성다움이 타고나는 것이라면 잃을 것을 우려할 필요가 없다.

테오도어 루스벨트 대통령은 19세기 후반 미식축구를 "청년들이 삶을 단련하는 기회"라고 치켜세우며 적극 권장했다. 미식축구가 '사회훈련'이라는 그의 평가는 정확했다. 이는 개인의 능력을 발휘할 기회를 주면서도 조직과 함께 움직이도록 가르쳤기 때문이다. 이렇게 미식축구는 독자적으로 행동해온 노동력들을 자본주의 사회 속으로 효과적으로 편입시켰다.

기자이자 대학교수인 로저 로슨블랫은 『미국사회와 가치*US Society and Values*』(2003)라는 책에서 "미국의 스포츠에는 미국 사회가 고스란히 녹아 있다"고 말한다. 그리고 더 나아가 "미국의 스포츠가 곧 미국 사회"라고 주장한다.

로슨블랫의 주장은 미국 사회가 철저히 시장 중심의 상업문화를 중심으로 발전해왔다는 점에서 타당하다. 미국은 대규모로 조직화된 스포츠를 가지고 있지만 체육부와 같은 정부 기관은 존재하지 않는다.

미국의 스포츠를 관장하는 것은 돈줄을 따라 움직이는 시장 논리다. 이렇게 상업화한 미국 스포츠는 절묘하게 지역적 소속감과 결합한다. 미

071

국인들은 자신이 속한 지역의 운동팀 티셔츠와 모자를 열심히 사며, 경기가 있는 날이면 경기장에 가거나 텔레비전 앞에 둘러앉아 광고주들의 물건을 먹고 마신다.

보기, 먹기, 사기

앞의 슈퍼볼 보도에서 알 수 있듯이 미식축구는 언제나 미국 언론의 중요한 이야깃거리다. 멋지게 공을 받거나 방어진을 뚫고 질주하는 선수의 모습은 이미 19세기부터 미국 언론에 등장했다. 과거에 미식축구는 소수의 대학생들이 교정에서 몸을 던져 참여하던 스포츠였으나 미디어의 힘을 업고 대규모의 '보는' 스포츠로 탈바꿈했다. 이 사실을 가장 극적으로 보여주는 것이 바로 슈퍼볼이다.

미국 역사상 가장 높은 시청률을 기록한 텔레비전 방송 15개 가운데 절반 이상이 슈퍼볼 중계였다. 매년 초 미국 전역은 축제 분위기가 된다. 2월 첫째 주에 열리는 슈퍼볼 경기를 보기 위해 매년 수백만 명의 미국인들이 대형 텔레비전을 사고, 다리를 뻗고 편하게 눕는 '레이지 보이La-Z-Boy'라는 대형의자를 들여놓는다.

먹어 치우는 음식량도 어마어마하다. 추수감사절을 제외하고 가장 많은 음식이 이날 미국인들의 입속으로 들어간다. 제일 인기 있는 음식은 피자지만 최근 들어 닭 날개 '왕'의 소비도 급격히 늘었다. 2008년 슈퍼볼 주간에 미국인이 해치운 닭 날개는 무려 4억 5000만 개가 넘는다. 감자칩과 맥주, 청량음료 소비 역시 막대하다.

슈퍼볼 시청자 수도 매년 늘어 2008년에는 1억 명에 가까운 사람이 텔레비전으로 경기를 지켜보았다. 눈길이 많이 쏠리는 만큼 물건을 팔기 위한 광고주들의 노력도 치열하다. 시청자가 늘면서 광고 단가도 계속 오르고 있다. 2008년의 경우 30초 광고비용이 평균 25억 원을 넘어섰다. 막대한 광고비를 지불한 기업들은 시청자들의 이목을 끌기 위해 고군분투한다. 심지어 업체들은 슈퍼볼을 위한 텔레비전 광고를 별도로 제작한다. 기발하고 참신한 광고가 많아 그걸 보기 위해서라도 텔레비전을 켜놓을 가치가 있다. 대기업의 광고가 주종을 이루지만 한 해 투자할 광고비를 30초에 쏟아붓는 모험을 하는 소규모 업체들도 없지 않다.

변기 물로 만드는 나이아가라 폭포

기업들이 슈퍼볼 광고에 투자하는 돈과 열정이 그 값을 하는지에 대해서는 의견이 분분하다. 광고는 흔히 경기의 절반이 끝난 하프타임^{halftime}에 집중적으로 쏟아진다. 보통 프로 미식축구 경기의 중간 휴식 시간은 15분이지만 슈퍼볼은 그 두 배인 30분이다. 광고를 조금이라도 더 넣기 위해서다.

그러나 이 시간에 사람들은 화장실에 앉아 있기 일쑤다. 투입되는 음식량이 많은 만큼 '배출량'도 만만치 않은 탓이다. 1억 명에 가까운 시청자가 동시에 변기에 물을 내리는 상황을 생각해보자. 이때 정화조로 쏟

073

아지는 물의 양은 가공할 만하다. AFP 보도에 따르면, 이때 흘러나오는 물은 나이아가라 폭포에서 39분 동안 떨어지는 양이라고 한다. 이 때문에 낡은 하수시설을 갖춘 지역에서는 쉬는 시간을 피해서 화장실에 갈 것을 권하기도 한다.

'변기 괴담' 말고도 슈퍼볼에 얽힌 이야기들은 많다. '피의 일요일^{Bloody} ^{Sunday}' 이 그중 하나다. 슈퍼볼 경기로 흥분한 사람들이 주먹다짐을 하는 횟수가 평소에 비해 늘어난다는 것이다.

하수도 재앙이나 선혈 주말론이 실제적 근거가 없다고 믿는 사람들이 많다. 그러나 사실이라 하더라도 슈퍼볼의 경제 효과에는 도움이 될 것이다. 적어도 변기 펌프와 반창고의 매출은 증가할 것이므로.

폭력, 미식축구의 필연적 요소

누가 피를 흘리든 간에 미식축구에서 폭력은 필연적 요소다. 미식축구 역사가인 마이클 블리아드는 미식축구의 인기 비결을 '필연적 과격$^{necessary\ roughness}$'에서 찾는다. 다른 스포츠에서 과격함이나 폭력은 경기를 저해하는 요소가 되기 쉽지만, 미식축구에서는 빼놓을 수 없는 필수적 요소이기 때문이다. 미국 언론은 과격한 경기일수록 '멋진 게임'이었다고 칭찬하며 환호한다.

미식축구의 종교적 함의를 추적해온 종교학자 조지프 프라이스는 미식축구의 폭력성을 '개척' 시대의 침략 행위와 연관 지어 분석한다.

■ 미식축구의 사회문화적 의미를 분석한 종교학자 조지프 프라이스에 따르면 미식축구의 폭력과 긴장은 '개척' 시대에 벌어진 폭력적 침략과 정복의 재현이다.

"이 경기의 목적은 영토의 점령이다. 팀은 외지인의 땅을 침공한 후 그곳을 끝까지 가로지르는 것으로 점령을 완수한다. …… 미국인은 이 경기를 통해 창조의 신화를 극적으로 표현할 뿐 아니라 미국 자신의 신화, 즉 영토의 폭력적 침공과 점유의 과정을 재연한다." (조지프 프라이스, 『시즌에서 시즌으로: 미국 종교로서의 스포츠*From Season To Season: Sports as American Religion*』, 머서대학 출판, 2004, 139쪽)

슈퍼볼, 남성성 그리고 대중매체

"미식축구가 있다는 건 참 다행스런 일이야." 오래전 친구에게서 들었던 우스갯소리는 이렇게 시작한다.

"왜?"

"저런 '떡대' 들이 경기장 대신 거리를 어슬렁거리고 다닌다고 생각해 봐."

맞다. 경기의 기원이야 어쨌든 이왕 폭력이 쓰일 바에야 거리나 전쟁터보다는 운동장이 낫다.

나는 스타벅스에서 불온한 상상을 한다

미국은 어떻게 '비만제국'이 되었나

2007년 통계에 따르면 20~74세 미국인의 67퍼센트 이상이 과체중이고 그 가운데 34퍼센트가 비만환자로 분류된다. 현재 미국에서 비만은 흡연보다 국민보건에 더 심각한 문제로 부상한 상태다. 비만인 사람은 정상체중인 사람보다 심장병과 당뇨병에 걸릴 확률이 두 배 가까이 높은 것으로 조사되고 있기 때문이다.

지난 10년 동안 미국에서 비만이 주원인으로 알려진 2형 당뇨병type 2 diabetes 환자가 두 배 이상 증가했다. 20년 전과 비교하면 아동 비만은 두 배, 청소년 비만은 무려 세 배 이상 늘었다. 이제 소아과 의사들마저 고혈압과 당뇨병 등의 '성인병'을 일상적으로 다루어야 하는 상황이 된 것

077

■ 미국 사회에서 비만은 국민보건의 가장 심각한 문제로 부상했다. 비만의 가장 큰 이유인 음식 섭취량의 폭발적 증가는 미국 사회를 위협하고 있다.

이다. '비만의 제국'. 그동안 미국 사회에 무슨 일이 일어났던 것일까.

미국인의 허리둘레를 넓힌 원인은 여러 가지다. 자동차, 텔레비전, 컴퓨터, 비디오게임에 이르는 기술문화의 발달로 인해 활동이 위축되었고, 고열량의 가공식품을 중심으로 식생활이 재편되었다.

그러나 무엇보다 가장 큰 이유는 미국인들의 음식 섭취량이 폭발적으로 증가했다는 것이다. 미국 농무부USDA가 펴낸 〈푸드리뷰〉 2002년 겨울호에 따르면, 미국인들의 하루 평균 섭취열량은 1985년부터 2000년 사이

나는 스타벅스에서 불온한 상상을 한다

300킬로칼로리 이상 늘었다. 활동량은 줄었으나 오히려 음식 섭취량은 늘어난 것, 이것이 바로 미국 사회를 위협하고 있는 비만의 원인이다.

음식 권하는 사회

그렇다면 미국인들은 왜 이렇게 많이 먹게 되었을까? 미국의 영양학자들은 과식의 원인을 외식산업의 발달에서 찾고 있다. 사람들은 외식할 때 집에서보다 많이 먹는 경향이 있다. 게다가 판매용 음식은 가정식보다 대체로 열량이 높다. 그리고 외식을 통한 음식물의 과다섭취는 상업논리와 연관되어 있는 경우가 많다. 한마디로 외식산업이 고객들로 하여금 많이 먹도록 유도한다는 것이다.

단적인 예로 맥도날드가 처음 사업을 시작했던 20세기 중반만 하더라도, 미국인들이 보통 한 사람 몫으로 주문하던 햄버거, 감자튀김, 탄산음료의 열량은 모두 더해도 600킬로칼로리가 되지 않았다. 그러나 오늘날 맥도날드 매장에서 흔히 볼 수 있는 '슈퍼사이즈^{Supersize}' 메뉴로 앞의 세 가지 음식을 주문하면 총열량은 1500킬로칼로리를 쉽게 넘어선다.

오늘날 외식업계는 가격 할인을 미끼로 사람들로 하여금 개별 제품보다는 '세트메뉴$^{Value\ Meal}$'를 구입하도록 유도하고 있으며, 여기에 돈 몇 푼만 더 내면 양을 늘려주는 '슈퍼사이즈' 전략으로 사람들을 유혹하고 있다. 이런 경향은 비단 맥도날드뿐 아니라 버거킹, 웬디스, KFC 등 대다수 패스트푸드 체인점에 일반화된 것이다.

079

■ 미국의 상징이 된 맥도날드. 간판에 "(전 세계적으로) 900억명 이상이 다녀갔습니다"라는 글귀가 보인다.

비만은 사회적 문제다

외식산업의 상업적 전략은 우직한 '끼워 팔기' 와 '늘려 팔기' 에 한정되지 않는다. 거리를 걷거나 신문과 잡지를 읽을 때, 텔레비전을 보거나 극장에 들어설 때 우리들의 감각은 끝없이 먹을 것을 권하는 상업적 메시지에 압도된다.

광고는 말할 것도 없고 언론보도 역시 먹는 것의 문제점보다는 어떤 것을 먹어야 하는지를 일러주기에 급급하다. 상업적으로 운영되는 언론의 입장에서는 거대 광고주로 성장한 식음료업계의 비위를 거스르기 어렵기 때문이다. 이처럼 '먹을 것을 권하는 사회' 속에서 개인이 음식

나는 스타벅스에서 불온한 상상을 한다

섭취에 대한 객관적 판단과 통제력을 행사하기는 어렵다.

과다한 음식 섭취가 사회 전체의 문제이고 그 원인 역시 개인이 통제력을 발휘하기 어려운 사회구조적 차원이라면, 비만의 책임을 개인의 '나태'나 '의지 부족' 탓으로만 돌릴 수는 없다. 음식을 먹도록 유도하는 수많은 정교한 장치들이 작동하고 있는 상태에서 '누가 억지로 먹으라고 했느냐'는 항변은 타당하지 않기 때문이다.

인류 역사의 대부분은 궁핍의 시기였다. 수렵과 원시 농경시대에는 말할 것도 없거니와 인간이 자연을 어느 정도 통제하기 시작한 이후에도 음식을 얻는 일은 결코 쉽지 않았다. 음식이 주위에 있을 때 가능한 한 많이 먹어 두어 기아를 면하고 종족 번식을 위한 에너지를 얻으려는 노력은 생존을 위한 생명체의 본능이다. 인간도 예외는 아니었다.

그러나 음식의 생산, 보존, 수송 수단이 발달하고 누구나 손쉽게 음식을 구할 수 있게 되면서 이런 생존본능은 오히려 존재를 위협하게 되었다. 더구나 음식의 생산량이 수요를 넘어서게 되면서 시작된 식음료업계 사이의 치열한 경쟁과 판매촉진 전략은 사람들을 '죽도록 먹이는' 결과를 초래했다.

이처럼 인간의 본능과 환경의 불일치 그리고 '음식 권하는' 사회적 유혹은 비만을 결코 개인적 선택의 결과로만 볼 수 없게 한다. 이런 이유 때문에 뉴욕대학 영양학 교수인 마리언 네슬은 비만의 해법을 개인의 의지가 아닌 음식을 먹도록 강요하는 사회 환경의 변화에서 찾는다.

네슬은 자신의 2002년 저서 『음식의 정치학: 식음료산업이 영양과 보건에 끼친 영향*Food Politics: How the Food Industry Influences Nutrition and Health*』을 통해, 한 개인이 음식에 대한 사회적 유혹을 의지력만으로 극복하는 것은 불가능하다고 단언한다.

사회적 환경을 바꾸지 않는 한, 잉여 생산된 음식을 팔기 위해 미국에서만 매년 300억 달러씩 광고비를 쏟아붓는 업체들의 유혹을 이길 수 없다는 것이다. 이익 극대화를 위해 배고프지 않아도 먹게 하며, 심지어는 포만 상태에도 음식을 찾게 만드는 것이 바로 오늘날의 사회 환경이다.

"'슈퍼사이즈'로 드릴까요?"

이처럼 잉여음식물을 처리하려는 노력에서 나온 것이 바로 '세트메뉴'와 '슈퍼사이즈'로 대표되는 패스트푸드 체인의 판매촉진 전략이었다. 그러나 오랫동안 전성기를 누려오던 업계의 관행은 최근 들어 된서리를 맞기 시작했다. 몇 년 전 비만환자의 손해배상 소송으로 곤욕을 치렀던 맥도날드가 최근 들어 다시 비만 책임론에 휩싸인 것이다.

패스트푸드의 비만 책임 논쟁에 다시금 불을 당긴 것은 2005년 선댄스 영화제에 출품된 다큐멘터리 한 편이었다. 〈슈퍼사이즈 미〉라는 제목의 이 다큐멘터리는 감독이 한 달 동안 맥도날드 음식만으로 생활하면서 신체적, 정신적으로 병들어가는 과정을 익살스럽게 기록한 영화다. 그러나 이것이 불러온 반향은 웃어넘길 만큼 가볍지 않았다. 영화가 공개된 뒤 맥도날드 측에서는 '슈퍼사이즈'를 없애겠다고 발표했고 샐러

■ 2005년 패스트푸드의 문제점을 지적한 모
건 스펄록의 다큐멘터리 〈슈퍼사이즈 미〉.
이 저예산 다큐멘터리가 미국 사회에 불러온
반향은 작지 않다.

드를 중심으로 한 다이어트 상품을 새로이 메뉴에 추가했다. 더 나아가
맥도날드 측은 샐러드와 생수를 구입하는 사람들에게 걷기 운동용 만
보기를 끼워주는 '성인용 해피밀'까지 내놓았다. 그리고 이런 '다이어
트 상품'은 다른 패스트푸드 업계까지 확산되고 있다.

간독 모건 스펄록은 자신의 다큐멘터리가 결코 맥도날드를 공격하기 위
한 것이 아니라고 밝히고 있다. 맥도날드를 공격하기는커녕 맥도날드를
주제로 삼고 있지도 않다는 것이 그의 말이다. 스펄록에 따르면 〈슈퍼

083

사이즈 미)의 제작 동기는 특정 업계를 비난하기 위한 것이 아니라 패스트푸드화돼 가는 우리들의 삶을 다시 한번 돌아보도록 하는 것이다. 마이클 무어식의 거친 톤으로 제작된 이 다큐멘터리는 여러 가지 면에서 조지 리처의 저서 『맥도날드 그리고 맥도날드화*The McDonaldization of Society*』를 상기시킨다. 리처 역시 이 책이 맥도날드 회사 자체에 대한 비판이 아님을 강조한 바 있다.

리처는 그 책에서 맥도날드의 경영방식에 의해서 시작된 사회체계의 합리화 및 그로 인해 불가피하게 발생하고 있는 불합리화와 비인간화를 분석한다. 그는 '맥도날드화*McDonaldization*'라 불리는 이 과정이 패스트푸드점을 넘어 고급식당 체인, 그리고 더 나아가 기업 조직과 정부 관료제 등 사회 제반 분야에도 확대되어 가고 있다고 주장한다.

'효율'과 '통제'를 우선시하는 맥도날드의 시스템은 균질의 음식을 빠른 속도로 많은 사람들에게 공급하는 성과를 이루어 냈다. 그러나 이 합리화는 근로자들의 노동을 획일화시키고 비인간화하는 결과를 낳았으며, 그 과정에서 고객들의 개성과 기호 역시 철저히 무시되었다.

사회의 패스트푸드 체인화

패스트푸드 업체에서 일하는 근로자는 주어진 매뉴얼에 따라 정확히 움직여야 한다. 냉동상태로 공급되는 동일한 재료를 전자레인지나 기름에 넣고 정확한 시간 뒤에 꺼내야 하고, 여기에 정확한 양의 양념이나 야채를 얹어서 내놓아야 한다. 여기서 요구되는 '바람직한' 노동자 상은 창의력이나 능동성을 최소화하고 매뉴얼에 따라 수동적으로 움직이는 사람이다.

매뉴얼에 따라 행동하도록 요구받는 근로자들은 언제나 다른 사람들로 쉽게 대체될 수 있다. 리처에 따르면 이처럼 '단순직화' 된 패스트푸드 업계의 근로자는 두 가지 면에서 중요한 의미를 갖는다. 하나는 전 세계 어디서나 간단한 교육만으로 균질화된 상품을 내놓을 수 있는 대량생산 및 판매체제를 구축할 수 있다는 것이다.

다른 하나는 '노동의 유연화' 를 통한 근로자들의 효율적인 통제다. 매뉴얼만 따르면 누구나 '훌륭한' 음식을 만들 수 있도록 한 이 관료체제는 근로자들의 고용 및 해고를 용이하게 하는 동시에 업무를 '단순직종화' 함으로써 근로자에 대한 저임금 정책을 고수할 수 있게 한다.

그러나 정해진 수칙을 엄격하게 따르는 일은 결코 '단순' 업무가 아니다. 근로자의 입장에서는 철저한 자기통제에 따른 스트레스와 피로가 요구되는 일이기 때문이다.

한편, 고객의 입장에서 패스트푸드 체인점은 '주는 대로 받아먹는 곳' 이다. 어떤 고객이 패스트푸드 매장에서 다음과 같이 요구한다고 생각해보자.

"햄버거에 들어가는 고기는 저지방으로 해주시고, 양파를 빼는 대신에 절이지 않은 오이를 넣어주세요. 참, 그리고 체다 대신 스위스 치즈

085

를 얹어주시겠어요?"

입맛에 음식을 맞추는 것이 아니라 음식에 입맛을 맞추는 곳, 그곳이 바로 패스트푸드 체인점이다.

이처럼 원하지 않는 음식을, 그것도 다 먹지 못할 만큼 주문하도록 요구받는 곳이 패스트푸드 체인점이라면 그 놀라운 인기와 대중성을 어떻게 설명할 것인가? 패스트푸드 매장이 푸아그라용 거위 사육장 같은 곳이라면 어느 누가 그곳을 즐겁게 드나들겠는가?

이 모순에 대한 리처의 설명은 '착각의 조장'이다. 우리들은 패스트푸드 체인점에서 식사를 한 뒤 '아주 간편하고' '싼값에' '다양한 음식'을 먹었다고 만족스러워한다. 그러나 이는 커다란 착각이다.

우리들이 패스트푸드 체인점에서 한 끼 식사로 지불하는 비용은 가정 요리와 비교해볼 때 결코 싼 가격이 아니다. 간편하다는 생각 또한 마찬가지다. 길을 나서 식당까지 가야 하는 수고는 말할 것도 없거니와, 오랫동안 서서 주문해야 하는 번거로움과 불편한 좌석, 그리고 소란한 실내는 객관적인 의미의 즐거움이라고 볼 수 없기 때문이다.

우리가 생각하는 패스트푸드의 다양성도 같은 맥락에서 이해할 수 있다. 자동차 회사 포드가 20세기 초에 고안해 낸 "어느 색깔이든 고르실 수 있습니다. 단 검은 색에 한해서"라는 표어는 이제 패스트푸드 업계에도 그대로 적용되고 있다. "어느 음식이든 고르실 수 있습니다. 단 햄버거에 한해서."

이처럼 좋아하기 어려운 식품을 좋아하도록 만들기 위해서 패스트푸드 산업이 사용하는 전략은 '즐거움'에 대한 환상이다. 많은 체인점들이 화려한 실내장식과 만화 캐릭터 등을 이용해 식당을 '놀이공원화' 하는 경향이 있다. 각 패스트푸드 업체는 막대한 비용을 들여 광고용 캐릭터를 개발하거나 모델을 고용함으로써 고객으로 하여금 신뢰와 친근감을 갖게 한다.

획일화된 상품은 대량판매를 통한 막대한 이익 창출을 가능케 하지만 차별화되기 어려운 상품의 한계로 인해 질이 아닌 양을 강조할 수밖에 없고, 결국 그것이 사회적 비만의 한 원인이 된 것이다. 한마디로, 현대의 합리화 제도가 야기한 비합리화의 대표적인 예가 바로 패스트푸드에 의한 비만이다.

그러나 패스트푸드식 합리화가 가져오는 폐해는 육체적인 것에만 한정되지 않는다. '효율'이 지배하게 된 사회에서 학교 급식마저 간단히 데워서 내놓을 수 있는 반조리 음식으로 대체되고 있고, 교육 방식마저 효율적으로 '인적자원'을 '배출' 하는 생산라인으로 바뀌어가고 있다.

여기서 한 가지 짚고 넘어갈 것은 누구도 패스트푸드점에 대한 '음모론'을 제기하고 있지 않다는 것이다. 어떤 식음료업계도 고객의 비만을 의도적으로 조장하거나 건강에 해가 되는 음식을 고의로 생산하지는 않을 것이다.

그러나 상업논리에 편입된 식음료업계는 국민보건과 이익극대화가 대치될 때 결국 후자를 고르게 될 공산이 크다. '소비자들이 원하는 맛'을 내기 위해 불가피하게 첨가한다는 포화지방과 대량의 설탕은 소비자가 아닌 기업가의 주머니를 위한 것이기 때문이다. 네슬이 말한 '사회 환경의 개혁'이 필요한 지점이 바로 여기다.

이는 '비만 햄버거'로 동요하는 미국이나 만두, 김치, 참치, 과자, 쇠고기 등 여러 식품안전 논란으로 들끓었던 한국 사회 모두에 동일하게 적용되는 이야기다. 국민보건은 기업가의 손에만 맡겨 놓기에는 너무나 중요한 문제이기 때문이다.

그럼에도 불구하고 여전히 시장이 모든 것을 해결해줄 것이라고 믿는 사람이 있다면, 어제 저녁에 먹은 음식에 대해 잘 생각해보길.

이긴 자가
다 갖는
게임

미국의 선거제도는 왜 그렇게 복잡할까? 미국의 대선 관련 보도는 알기 어려운 용어로 가득 차 있다. '프라이머리 Primary' '코커스 Caucus' '본선거 General Election' '선거인단 투표 Electoral College vote' 처럼 말이다.

우리가 아는 사실은, 미국의 대통령 선거가 직선제가 아니라는 것이다. 다시 말해 미국 유권자는 대통령에게 직접 표를 던지지 않는다는 것이다. 미국은 '선거인단'이라는 대리인들이 국민을 대신해서 대통령을 선출한다.

하지만 좀 이상하다. 미국 유권자들이 사용하는 투표용지에는 분명히

089

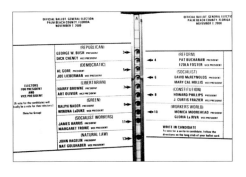

OFFICIAL BALLOT GENERAL ELECTION
PALM BEACH COUNTY, FLORIDA
NOVEMBER 7, 2000

(REPUBLICAN)
GEORGE W. BUSH PRESIDENT
DICK CHENEY VICE PRESIDENT

(DEMOCRATIC)
AL GORE PRESIDENT
JOE LIEBERMAN VICE PRESIDENT

(LIBERTARIAN)
HARRY BROWNE PRESIDENT
ART OLIVIER VICE PRESIDENT

(GREEN)
RALPH NADER PRESIDENT
WINONA LaDUKE VICE PRESIDENT

(SOCIALIST WORKERS)
JAMES HARRIS PRESIDENT
MARGARET TROWE VICE PRESIDENT

(NATURAL LAW)
JOHN HAGELIN PRESIDENT
NAT GOLDHABER VICE PRESIDENT

ELECTORS
FOR PRESIDENT
AND
VICE PRESIDENT

OFFICIAL BALLOT GENERAL ELECTION
PALM BEACH COUNTY, FLORIDA
NOVEMBER 7, 2000

(REFORM)
PAT BUCHANAN PRESIDENT
EZOLA FOSTER VICE PRESIDENT

(SOCIALIST)
DAVID McREYNOLDS PRESIDENT
MARY CAL HOLLIS VICE PRESIDENT

(CONSTITUTION)
HOWARD PHILLIPS PRESIDENT
J. CURTIS FRAZIER VICE PRESIDENT

(WORKERS WORLD)
MONICA MOOREHEAD PRESIDENT
GLORIA La RIVA VICE PRESIDENT

WRITE IN CANDIDATE

■ 본선거의 투표용지 가운데 하나. 지역마다 그 형태가 다르지만, 투표용지에는 대선 후보의 이름이 적혀 있다. 사진은 2000년 대통령 선거 당시 문제가 되었던 플로리다주 팜비치 '나비 투표용지'로 유권자들의 혼란과 오판을 유도한다는 주장이 제기되기도 했다.

대통령 후보들의 이름이 적혀 있기 때문이다. 미국의 대통령 선거가 간접선거라면 국민들이 대선 후보 이름이 나열된 투표용지에 기표를 하고 투표함에 넣는 것은 무엇일까? 질문은 꼬리를 문다. 국민들이 선거일에 투표장에 가서 원하는 후보를 고르는데 이것이 왜 '간접선거'일까? 선거가 끝나고 41일 뒤 '선거인단'이라는 사람들이 모여 다시 투표를 하는 까닭은 무엇일까? 이 번거로운 과정을 생략하고 그냥 유권자들의 표를 세어 대통령을 결정하면 안 되는 것일까?

이 혼란스러운 상황에서 위안을 주는 두 가지 사실. 첫째, 미국인들조차 자신들이 간접선거에 참여한다는 사실을 모르는 경우가 허다하다는 것이다. 미국의 많은 유권자들은 자신들이 직접 대통령을 선출한다고 믿고 있다. 둘째, 미국의 역사를 잠깐 살펴보는 것만으로 미국의 복잡한 선거 방식을 쉽게 이해할 수 있다는 점이다.

미국은 하나의 나라가 아니었다

아는 바와 같이 미국의 공식호칭은 '미합중국United States of America'이다. 미

■ 미국 대통령의 거처와 집무실이 있는 백악관.

국이 자치권을 가진 여러 개의 주로 이뤄진 데서 붙은 이름이다. 미국의
50개 주는 별도의 정부(주정부)와 군대(주방위군), 법률을 갖추고 있다.

미국의 각 주는 '연방정부 Federal Government' 라 불리는 중앙정부와 협력하
면서 일정한 통제와 지원을 받는다. 하지만 미국인들의 삶에 결정적 영
향을 끼치는 것은 주 단위로 구성된 사회조직이다. 세금이 없는 주가 있
는가 하면 이중삼중으로 세금을 붙이는 주도 있으며, 연방정부의 방침
까지 거부하고 동성 간의 결혼을 합법적으로 인정하는 매사추세츠나
캘리포니아 같은 주도 있다.

중앙정부의 기능이 잘 발달된 현재에도 이런 상황이니, 과거에는 과연
어떠했을지 짐작할 수 있다. 1776년 독립을 선포했을 때 미국은 하나의

이긴 사가 나 갖는 세임

Boundary between Mississippi River and
49th parallel uncertain due to misconception that
source of Mississippi River lay further north
1775

■ 독립 당시 미국의 13개 식민지들. 동쪽 해안을 따라 길게 늘어선 모습(붉은 색 부분)이 보인다.

나라가 아니었다. 13개 식민지로 나뉜 드넓은 땅에 부산 인구보다 적은 사람들이 중심 없이 흩어져 살고 있었다.

13개 식민지에는 부와 권력을 쥔 유지들이 포진해 있었다. 이들 가운데는 미국이 영국에서 독립하면 자신들의 주가 독립하는 줄 아는 사람도 있었다. 이들은 별개의 화폐를 만들고 멋대로 세금을 징수하는가 하면 개별적으로 다른 나라와 외교관계를 맺기도 했다.

탁월한 저널리스트였던 앨리스테어 쿡은 1973년도 저서 『아메리카 *America* 』에서 당시의 상황을 이렇게 표현한다.

나는 스타벅스에서 불온한 상상을 한다

"(영국과 싸워 이긴) 전승의 기쁨이 사그라지자 그들을 묶어주던 유대감도 느슨해졌다. 재난의 피해자들이 경험하듯, 신체적 위험만큼 사람 간의 연대를 강화하는 것도 없다.

그러나 폭풍우가 사라지자 그들은 각자 제 갈 길을 갔다. 그들은 주권을 쟁취한 기쁨에 젖어 있었으나 '미국인'으로서 그런 것이 아니었다. 각기 뉴욕인으로서, 조지아인으로서, 메릴랜드인으로서, 버몬트인으로서 그러했다. 각 지역이 독립국처럼 행동하게 된 것도 당연했다."

이들의 관심은 어떻게 자신이 속한 지역의 이익을 확장할 것인가였다. 유일한 전국 조직이라고는 지역 대표들이 모인 '대륙회의'라는 느슨한 모임 뿐이었다. 지역 대표들은 공동 규약을 정하고 대표를 뽑아야 한다는 데는 동의했으나, 어떤 방식이든지 자신들이 지역에서 누리고 있는 권리와 이익을 훼손해서는 안 된다고 굳게 믿고 있었다.

그들은 왜 직선제를 거부했나

미국의 선조들은 군주제와 공화제를 두고 씨름한 결과 공화제를 선택했다. 그러나 문제가 완전히 해결된 것은 아니어서, 당장 대통령을 어떻게 뽑을 것인지도 타결점을 찾지 못했다. 가장 중요한 것은 중앙정부에 권력을 이양하고 싶지 않은 주정부들과 이들을 통제해야 할 운명을 지닌 중앙정부 사이의 타협이었다. 여기에 주들 사이에서 벌어지는 신경

이긴 자가 다 갖는 게임

전도 고려하지 않을 수 없었다.

직선제는 별로 바람직한 대안으로 보이지 않았다. 교통도, 언론도 발달해 있지 않은 상황에서 유권자들은 자기가 잘 아는 지역 후보를 고를 것이 틀림없었기 때문이다. 그렇게 되면 인구가 많은 주의 후보가 대통령직을 독점하는 문제가 발생할 것이다. 이리저리 흩어져 사는 유권자들이 한꺼번에 모여 투표하는 것 자체도 상상하기 어려운 일이었다.

게다가 대륙회의의 참석자들은 대중의 판단력을 믿지 못했다. 오늘날처럼 잘 교육받은 국민도 무시하는 게 정치인들이니 공교육이라는 것이 존재하지도 않고, 대중이 책이나 언론매체를 통해 지식을 쌓을 기회도 많지 않았던 18세기 후반에는 어떠했을지 짐작할 만하다. 게다가 얼마 지나지 않아 들려온 프랑스혁명 소식은 미국 지도자들의 간담을 서늘하게 했다.

미국의 대통령 선거 방식은 조금씩 바뀌어 왔지만 최초의 철학은 변함없이 유지되고 있다. 그것은 유권자와 후보 사이에, 주와 중앙정부 사이에, 그리고 주와 주 사이에 '완충지대'를 두자는 것이다. 그 결과 나타난 것이 선거인단을 통한 간접투표다.

중앙정부는 선거인단 선발을 주의 재량에 맡김으로써 자치권을 보장했다. 각 주의 선거인단 규모는 인구비례로 정하되, 작은 주에도 최소 의석(현재 3석)을 보장함으로써 머릿수로 밀어붙일 때 생길 수 있는 피해를 최소화하는 장치도 마련했다.

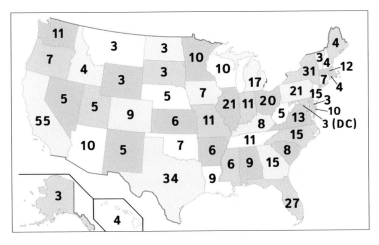

■ 선거인단 지도. 표시된 숫자가 각 주에 할당된 선거인단 수이다. 이 수는 각 주의 상원의원(2명)과 하원의원(인구비례)의 수를 더한 것이다. 2008년 대통령 선거의 선거인단은 총 538명이다.

미국 대통령, 어떻게 뽑나

미국 대통령 선거는 크게 세 단계로 나눌 수 있다. 첫 단계는 각 당에서 경선을 통해 후보를 고르는 과정이다. 여기에는 프라이머리와 코커스라 불리는 유권자 참여 행사가 포함된다. 각 당의 후보가 결정되면 국민들이 참여하는 본선거가 열리고, 마지막으로 선거인단이 이 결과를 확인하는 형식적인 투표를 한다.

프라이머리와 코커스는 정당의 대통령 후보를 결정하는 경선 행사다. 프라이머리는 일반 유권자들도 참여해 후보에게 표를 던질 수 있는 공적 행사인 반면 코커스는 정당 내부의 행사로서 정당 관계자들 사이에

이긴 자가 다 갖는 게임

서 치러지는 것이 보통이다. 후보들이 전국을 돌며 자질과 지지 상황을 시험받는 동안, 각 주에서는 투표에 참여할 선거인단이 모집된다.

선거인단 자격은 주마다 다르다. 주정부 관리부터 후보와 개인적 친분을 갖춘 개인들까지 다양한 사람들이 참여하는데, 이들은 모두 특정 정당을 지지하는 성향이 뚜렷한 사람들이다. 각 주는 인구에 따라 적게는 3석에서 많게는 55석까지 선거인단 수를 배정받는다.

각 주의 선거인단 수는 상원의원(인구에 관계없이 한 주에 2명)과 하원의원(인구비례) 수를 합한 것이다. 수도인 워싱턴 DC는 '주'는 아니지만 최소인 3석을 배정받았다. 2008년 대선의 총 선거인단 수는 538명으로, 이 가운데 270명 이상의 지지를 받는 후보가 대통령으로 선출된다.

각 정당은 경선을 마무리한 뒤 전당대회를 통해 후보를 결정한다. 그러고 나면 11월에 본선거가 열린다. 본선거는 전국의 유권자들이 참여하는 가장 중요한 선거다. 앞서 말한 대로, 유권자들은 후보 이름이 적힌 투표용지에 기표해서 투표함에 넣는다. 그러나 이것이 후보의 득표수로 직접 연결되지는 않는다. 유권자 표는 후보의 선거인단 수를 계산하는 자료로만 활용되기 때문이다.

선거인단은 어떤 역할을 할까

이해를 돕기 위해 '미니 미합중국'을 가정해보자. 다음 쪽 그림과 같이 오직 세 개의 주로 이루어져 있고 유권자 수와 선거인단 수가 같다고 하

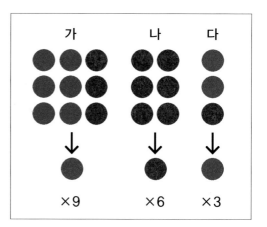

■ 유권자의 표는 합산해서 계산되지 않고 각 주의 선거인단 수로 계산된다. 한 표라도 더 얻은 후보는 그 주의 선거인단을 모두 확보한다. 그 때문에 직접선거제에서는 승리할 수 있는 후보가 패배자가 되기도 한다. 그림에서 보듯, 직선제에서 10 대 8로 당선될 수 있는 후보가 미국식 간선제에서는 12 대 6으로 패자가 된다.

자. '가' '나' '다' 세 개의 주에서 18명의 유권자들이 본선거에 참여했다. 이 가운데 10명이 공화당(빨간색) 후보에게, 8명이 민주당(파란색) 후보에게 표를 던졌다고 하자.

만일 이것이 직접선거라면 당연히 공화당 후보가 당선자가 될 것이다. 그러나 미국식 간접투표에서는 정반대 결과가 나오게 된다. 한 표라도 많은 후보가 각 주의 선거인단을 모두 갖는 '승자독식'winner-takes-all' 규정으로 인해 '가' 주의 9석과 '다' 주의 3석은 모두 민주당 후보의 몫이 되기 때문이다. (현재 메인과 네브래스카를 제외한 모든 주가 이 규칙을 따르고 있다.)

따라서 민주당은 '가' 외 '다' 주를 모두 더한 12석, 공화당은 '나' 주의 6석을 차지하게 된다. 직선제에서는 10 대 8의 승리가 미국식 간선제에서는 이처럼 12 대 6의 패배로 바뀌게 된다. 결국 유권자의 표는 주 전체의

097

이긴 자가 다 갖는 게임

결과로 통합되고, 각 주의 결과가 종합되어 대통령이 결정되는 것이다. '나' 주의 유권자들이 몰표를 던졌지만 '가' 와 '나' 에서 고루 득표한 후보가 승리하는 것을 보면 나름의 합리성을 갖춘 방식임을 알 수 있다.

이렇게 해서 확보된 각 후보의 선거인단은 본선거로부터 41일이 지난 뒤 워싱턴 DC에 모여 다시 투표를 한다. 선거인단 수가 밝혀진 이후이기 때문에 이들의 투표는 다분히 형식적이다. 이들은 이미 특정 후보에게 표를 던지기로 약속한 사람들이기 때문에 결과가 뒤바뀔 가능성은 거의 없다.

하지만 이들이 본래 지지하기로 한 후보가 아닌 상대방 후보를 선택하면 어떻게 될까? 이 경우 어떤 일이 일어날까? 이런 상황은 이론적으로는 충분히 가능하다. 미국의 헌법에는 선거인단이 특정 후보에게 투표해야 한다고 강제하는 규정이 없기 때문이다. 몇몇 주에서는 이 '반란표faithless vote' 를 던진 선거인에게 벌금을 매기거나 이들의 표를 인정하지 않는 규정을 갖추고 있지만, 실제로 이 법률로 처벌받은 사람은 없다. 선거인단 자체가 특정 정당에 높은 충성도를 지닌 사람들 사이에서 선발되기 때문에 반란표가 발생하는 경우는 매우 드물다.

반란표가 대통령을 바꾼 경우도 없었다. 접전 상황에서 반란표가 발생해 후보를 긴장시킨 적은 몇 번 있었지만 결국 역사를 바꾸지는 못했다.

나는 스타벅스에서 불온한 상상을 한다

계속되는 논란 속에서도 살아남다

선거인단에 의한 간접투표 방식은 미국 내에서 계속 논란의 대상이 되어 왔다. 절차상의 개선 요구에 따라 몇 차례 관련 헌법이 개정되기도 했다. 일부는 '개선'이 아니라 아예 폐기하고 직선제로 바꾸어야 한다고 목소리를 높이기도 한다.

그러나 간선제의 장점을 계속 지켜갈 것을 주문하는 찬성파도 많다. 비록 간접선거이기는 하지만 대중의 참여 여지를 계속 늘려온 탓에 아직 유권자들의 큰 저항을 받지는 않고 있고, 특히 정당의 대선후보를 결정하는 과정에 일반인을 참여시키는 프라이머리는 대선에 국민의 관심을 집중시키는 핵심적인 원동력이 되어 왔다.

후보들이 전국을 돌며 국민의 지지를 요구하는 행사에 참석해보면 콘서트에라도 온 듯한 기분이 든다. 집권 정당이 바뀐다고 국민의 삶이 치명적 혹은 획기적으로 바뀌지는 않는 '안정된'(혹은 고착된) 정치지형 때문이겠지만, 어쨌든 미국인들은 파티에 가는 기분으로 이런 행사에 참여한다. 미국 대선 결과로 (문자 그대로) '죽고 사는' 것은 오히려 미국과 이해관계를 맺고 있는 약소국들이다.

미국 대통령 선거는 계속되는 논란 속에서도 현재까지 질긴 목숨을 유지해 왔다. 비록 미국 대통령 선거가 현재와 다른 사회적, 역사적 환경 속에서 탄생하기는 했지만 말이다. 미국의 건국과 제도 마련에 핵심적인 역할을 했던(그래서 10달러짜리 미국 지폐의 모델이 된) 알렉산더 해밀턴은 대통령 선거에 대해 다음과 같은 말을 남겼다.

"직접선거에 참여하는 사람들은 국가를 이끌 지도자의 자질을 예리하게 분석할 눈이 필요하고, 행동에 앞서 심사숙고할 줄 알아야하며, 타당한 후보를 고를 이성적 판단과 동기를 두루 갖추고 있어야 한다."

흥미롭게도 해밀턴이 200년 전에 남긴 말은 미국인 후예들보다 오히려 한국 유권자들에게 더 절실하게 들린다. 직선제가 간선제에 비해 간단하고 효율적이라는 것은 누구나 알지만, 직선제가 더 나은 지도자를 보장하지 않는다는 것 또한 다 아는 사실이다.

그렇다고 간선제로 돌아갈 수는 없는 일. '국민의 대표'가 어떤 지적 능력을 보여주었는지 우리 모두 잘 알지 않는가? 그렇다면 대안은 하나다. 다행히 그것은 미국 대선만큼 복잡하지도 않다.

■ 일반 유권자들이 참가하는 '프라이머리' 행사. 정당의 후보 결정 과정부터 당원이 아닌 일반인을 참여시키는 이 제도는 유권자들의 정치적 관심을 자극하는 효과를 발휘한다. 2008년 위스콘신의 매디슨에서 열린 프라이머리에서 오바마의 지지자들이 환호하고 있다.

재즈, '가장 미국적인' 예술양식?

재즈에 흔히 따라붙는 설명이 있다. '가장 미국적인 음악 형식.' 더 나아가 '가장 미국적인 예술 양식'이라고까지 말하는 사람도 있다. 어느 경우든 사람들이 큰 문제의식 없이 받아들이는 듯하다. 하지만 여기서 '미국적'이라는 것은 무슨 뜻일까?

지금은 미국인들이 나서서 '가장 미국적인 예술'이라고 부르지만 20세기 중반까지도 이 말은 '점잖은' 미국인들에게는 모욕으로 들렸을 것이다. 그 시절 재즈는 '예술'과 거리가 멀었다. 당시의 인식으로는 홍등가나 음침한 댄스홀에서 남녀가 부둥켜안고 춤을 출 때 흘러나오는 '음란하고 퇴폐적인' 음악일 뿐이었다.

■ 재즈의 즉흥성과 탈정형성은 체계적인 음악 교육을 받지 못한 연주가들이 만들어낸 전통이다. 사진은 1920년대 재즈 악단 '킹 앤 카터 재징 오케스트라'.

1920년대 중후반을 배경으로 한 뮤지컬 〈시카고〉는 당시 사람들의 재즈에 대한 인식을 잘 보여준다. 주인공 록시 하트는 내연관계에 있던 한 남성을 살해한 뒤 체포돼 법정에서 이렇게 호소한다. "더없이 선량한 여인이었으나 재즈와 술에 빠지는 바람에 그만……." 그녀는 결국 무죄로 풀려난다.

2차 세계대전이 끝날 무렵까지도 상황은 크게 달라지지 않았다. 해외 파병 미군과 함께 건너간 재즈가 유럽 전역으로 확산됐지만 이는 '미국적 문화' 보다는 '미국적 문제' 에 가까웠다. 많은 유럽인들, 특히 젊은 이들이 재즈를 즐기기 시작했으나 각국 정부는 이 점잖지 못한 음악의 확산에 적잖이 당혹스러워했다.

재즈, '가장 미국적인' 예술양식?

'국적' 때문에 수모를 겪은 음악들

재즈에 담긴 인종적 함의나 '미국에서 온 음악'이라는 사실은 음악의 '품격'을 낮추는 데 한몫을 했다. 그러나 재즈가 환영받지 못했던 결정적인 이유는 이것이 귀보다 몸으로 듣는 음악이라는 데 있었다. 재즈의 원류인 딕시랜드 재즈Dixieland Jazz부터 1930~1940년대의 스윙Swing까지, 재즈는 박자에 맞춰 몸을 흔들기 좋은 음악이었다. 물론 혼자 흔들었다면 별 탈 없었을 것이나 걸핏하면 외간 남녀를 끌어들였다는 게 문제였다. 인류 역사가 입증하듯, 사람들은 무엇이든 교제의 수단과 변명거리로 삼는 법이다. 돌(보석)이 그랬고, 음식과 술이 그랬으며, 자동차(그 전에는 마차), 공연장(특히 커튼 달린 박스석), 영화관 등 그 어느 것도 예외가 아니었다. 사람들이 재즈가 마련해준 좋은 기회를 놓칠 리 없었다. 그리하여 재즈는 남녀의 신체를 매개하는 '죄악의 음악'이 되었다.

2차 세계대전 당시 독일은 연합군뿐만 아니라 재즈와도 싸워야 했다. 나치의 선전장관이었던 괴벨스는 재즈를 '하류 인간의 예술'로 규정하면서 척결해야 한다고 목소리를 높였다. 실제로 독일 치하의 여러 나라에서 재즈가 금지됐으며 일부 지역에서는 '재즈'라는 간판을 거는 것조차 허용되지 않았다.

그러나 전쟁 중 수난을 겪었던 음악은 비단 재즈뿐만이 아니었다. 2차 세계대전 당시 미국의 많은 지역에서 베토벤과 바흐 등의 연주가 금지됐고 공공도서관은 그들의 음반을 폐기하거나 보이지 않는 곳에 감추어야만 했다. 작곡가들이 '독일 국적'이라는 이유 때문이었다.

음악뿐 아니라 모든 예술에게 전쟁은 가장 큰 적이다. 예술은 인간의 고귀한 정신을 드러내지만, 전쟁은 인간의 삶을 '생존'이라는 원초적인 지위로 떨어뜨리기 때문이다. 전쟁이라는 야만의 터에 예술을 위한 자리는 마련되어 있지 않다.

음악에 담긴 '정치적 의도'

재즈에서 잠깐 벗어나 음악의 '국적' 문제에 대해 좀더 살펴보기로 하자. 2008년 2월 26일, 뉴욕 필하모닉 오케스트라는 북한의 초청을 받고 평양에서 첫 연주회를 열었다. 이때 연주된 곡은 바그너의 오페라 〈로엔그린〉의 3막 전주곡, 드보르작의 교향곡 〈신세계에서〉, 거쉰의 〈파리의 미국인〉 등이다.

당시 한국의 언론과 음악평론가들은 이 선곡에 담긴 뉴욕필의 (심지어는 미국 정부의) '의도'를 찾기에 부산했다. 이들의 해석을 살피는 것은 평양의 공연 중계를 지켜보는 것만큼 흥미로운 경험이었다.

그 해석에 따르면 연주곡들은 '미국적 색채가 짙은 음악'들로서, '명백한 정치적 의도'가 감지되는 '트로이 목마'라는 것이다. 몇 가지 예를 들어보자.

　'바그너의 오페라 〈로엔그린〉 3막 서곡은 〈결혼행진곡〉에 앞서 연주　**105**

되는 전주곡으로 결혼이 상징하듯 두 나라의 새로운 출발을 향한 염원을 담았다."(〈연합뉴스〉, 2008년 2월 27일)

"드보르자크의 〈신세계에서〉 교향곡과 거슈윈의 〈파리의 아메리카인〉 등 미국적 색채가 강했던 평양 공연과는 달리 서울 연주회는 〈에그몬트 서곡〉과 〈피아노 협주곡 2번〉 〈교향곡 5번〉(운명) 등 모두 베토벤의 작품으로만 구성했다. 평론가들은 "미·북 관계가 '신세계'라면 한·미 관계는 '운명'에 비유한 것으로 읽힐 수 있다"고 말했다."(〈조선일보〉, 2008년 2월 29일)

"뉴욕필이 연주하는 이 프로그램들은 '방황하는 미국인'의 기질을 그대로 보여주는 선곡이다. …… (드보르작은) 아메리카 인디언과 흑인의 민요를 연구해 〈신세계에서〉라는 자신의 최초이자 마지막 교향곡을 탄생시켰다."(〈동아일보〉, 2008년 2월 22일)

뉴욕필의 평양 연주는 '미국적 색채를 담은 정치적 코드'지만 같은 교향악단이 서울에서 연주한 베토벤의 〈5번 교향곡〉은 '한미 관계는 운명이라는 뜻'이라는 해석이다. 만일 드보르작이나 베토벤이 이 말을 들었다면 (그 곡들을 연주한 로린 마젤까지도) 머리를 긁적였을 것이다.

뉴욕필이 북한과 '새로운 출발'을 말하고 싶었다면 왜 〈결혼행진곡〉을 쓰지 않고 '그에 앞서 연주되는' 서곡을 골랐을까? '한미 관계의 운명'

106

을 뜻한다는 베토벤 〈5번 교향곡〉의 해석도 부실하기는 마찬가지다. '운명'이라는 이름은 (베토벤이 죽고 나서 한참 뒤) 일본이 붙인 것으로, 일본의 영향을 받은 동아시아 한두 나라를 제외한 세계 어느 나라도 이 교향곡을 '운명'이라고 부르지 않는다.

드보르작은 뉴욕필의 의뢰를 받고 〈신세계에서〉를 작곡했지만 이 곡은 어떠한 '미국적 색채'도 담고 있지 않다. 이 곡이 '아메리카 인디언과 흑인의 민요'를 담고 있다는 주장은 오래전 미국에서도 제기된 바 있다. 드보르작은 이 친절한 해석에 "자신도 잘 모르는 이야기들을 하고 있다"고 답했다.

음악은 '무엇에 대한 것'이 아니다

오랫동안 뉴욕필을 지휘했던 레너드 번스타인에게도 〈신세계에서〉의 '미국적 특성'은 '신세계'라는 이름 하나뿐이었다. 그는 뉴욕필의 연주로 〈신세계에서〉의 한 소절을 들려주고 나서 이렇게 물었다.

> "이 곡이 여러분들에게는 '신세계'처럼 들립니까? 이것은 '신세계에서'라는 이름이 붙은 교향곡의 한 부분입니다. 이런 이름을 붙인 데에는 나름대로 합당한 이유가 있는 것일까요?"

번스타인은 악장을 부분별로 쪼개어 들려주며 설명한 뒤 이렇게 결론 **107**

■ 미국이 낳은 세계적 지휘자 레너드 번스타인. 피아니스트이자 작곡가인 동시에, 탁월한 음악이론가이자 교육자로도
명성을 쌓았다. 번스타인은 온전한 예술로 대접을 받지 못하던 시절부터 재즈에 깊은 애정을 가졌다. 그는 자신의
작품에 다양한 재즈의 요소를 도입하기도 했다.

을 내린다.

"이 교향곡에 '미국적 특성'은 없습니다. 〈신세계에서〉가 '미국적'이라고 주장하는 사람들은 이 음악이 그만큼이나 '체코적' '독일적' '프랑스적' '아프리카적' '중국적'이라는 사실도 인정해야 할 것입니다."

흥미로운 것은 뉴욕필의 평양 공연의 '의미'를 치밀하게 분석한 기사들이 아주 기초적인 사실은 놓치고 있다는 점이다. 예컨대 교향곡에 앞서 오페라 서곡처럼 짧으면서도 강렬한 곡을 연주하는 것이 일반적 관례라든지, 〈신세계에서〉와 〈파리의 미국인〉 모두 뉴욕필이 초연을 맡아 인연이 깊은 곡들이라는 사실 같은 것 말이다.

'음악이 의미를 담을 수 있는가'라는 이른바 '음악 의미론 music semantics'의 문제는 언제나 논란거리였다. 이 분야를 선도하는 이론가이기도 했던 번스타인은 이렇게 말한 바 있다. "음악은 '무엇에 대한 것'이 아니라, 그냥 그 자체일 뿐입니다 Music is never about anything; music just is."

음악에 담긴 의도를 찾아내려는 시도는 흔히 해석자의 의도를 찾아내는 결과를 낳는다.

흑인 노예의 아픔을 토양 삼아 자라난 재즈

이제 다시 본론으로 돌아가 재즈의 '미국적' 특성을 살펴보기로 하자. **109**

재즈, '가장 미국적인' 예술양식?

음악이 의미에 대한 것이 아니라는 번스타인의 견해에 따르면, 재즈가 '미국적 색채를 담고 있느냐'는 어리석은 질문이 된다. 그보다는 이 음악에 어떤 고유한 특성이 있는지를 살피는 편이 더 건설적일 것이다.

재즈의 음악적 특성에 대해서는 다양한 견해가 있으나 다수가 동의하는 한 가지가 있다. 바로 '즉흥성improvisation'이다. 재즈음악은 항상 달라진다. 같은 곡을 같은 연주자가 연주하는 경우도 매번 다른 음악을 듣게된다. 물론 어떤 음악이든 연주자의 해석에 따라 미세한 변화가 있을 수는 있다. 그러나 재즈처럼 연주자가 곡을 원하는 대로 늘이거나 줄이고, 갑자기 중단했다가 다시 시작하는 일은 좀처럼 일어나지 않는다.

고전음악에도 드물게 '루바토Rubato'처럼 박자를 연주자 자율에 맡기는 장치가 있기는 하다. 그러나 이것은 특정한 목적으로 고안된 엄연한 형식의 하나이다. 재즈는 다르다. 재즈의 즉흥성은 탈형식에 가까울 뿐아니라 의도적으로 고안된 음악적 장치가 아니라는 점에서 '루바토'와차이가 있다.

재즈의 즉흥성과 탈형식성은 재즈를 탄생시킨 사람들의 고난에 찬 삶과 그것을 이겨낸 의지의 산물이다. 아프리카에서 미국으로 팔려온 노예들은 17세기부터 존재했다. 그러나 이들이 미국에서 뚜렷한 문화공동체를 이룬 것은 19세기에 이르러서다. 당시 거대한 노예시장이 있던 루이지애나에 흑인들이 대규모로 유입되었기 때문이다. 노예들은 혹독한 노동과 학대 속에서 곡조를 붙인 한탄이나 노동요로 마음을 달래곤했으며 이렇게 형성된 삶 속의 음악을 유럽의 악기와 결합시켰다. 이들

■ 1780년대에 그려진 흑인 노예들의 모습. 재즈는 아프리카에서 팔려 온 노예들의 고난 속에서 태어났다. 그들의 고통을 담은 낮은 곡조의 슬픈 노래는 블루스로 발전했고, 유럽의 악기와 결합해 재즈로 성장했다.

은 고난의 삶 속에서 어깨너머로 악기를 배웠지만 정식으로 음악 교육을 받을 수는 없었다. 재즈의 특성인 즉흥성은 초기 재즈 연주자들이 악보를 읽지 못했기 때문에 발생한 것이었다.

19세기 후반에 형성된 재즈 음악은 루이지애나의 다양한 문화적 배경과 결합하며 성장했다. 당시 루이지애나는 미국에서 가장 활발한 국제교역이 이루어지던 곳이었다. 아프리카인들이 가지고 온 문화적 감수성은 카리브 음악이나 프랑스 문화 등과 결합하며 독특한 음악형식을 만들어 냈다. 이것은 1910년대 무렵 '고전 재즈'로 불리는 딕시랜드로 체계화되었다.

이들은 가혹한 인종 차별 속에서도 배움의 기회를 넓혀갔고, 이와 함께 탁월한 연주자들도 속속 모습을 드러냈다. 이러한 사실을 반영하듯 2차 세계대전이 끝난 1940년대 중반에 재즈에는 큰 변화가 찾아왔다. 춤 위

111

주의 스윙이 사그라지고 뛰어난 연주 기교가 중심이 된 '비밥^{Bebop}'이 탄생한 것이다.

복잡한 음을 빠르게 연주하다가 갑자기 중단하고 다시 절묘하게 시작되는 패턴이 반복되는 비밥은 재즈를 '예술'의 영역으로 올려놓았다. 이 새로운 음악적 전통을 토대로 1940년대 후반과 1950년대 초 뉴욕을 중심으로 새로운 재즈 음악이 탄생한다. 좀더 가볍고 변화 폭이 작아 편안한 느낌을 주는 '쿨 재즈^{Cool Jazz}'가 그것이다.

'가장 미국적 음악' 뒤에 가려진
'가장 미국적 미국인들'

재즈의 역사를 훑어보면 1960년대 이후부터 기록이 희미해지는 것을 발견할 수 있다. 이 시기는 '재즈의 위기'로 표현되기도 하는데, 적어도 외형적으로는 그 '위기설'이 타당해 보인다. '텔레비전의 황금기'인 1950년대를 거치며 음반을 사는 이들이 줄었고, '영상시대'에 걸맞은 엘비스 프레슬리와 비틀스 등 젊은 스타들의 로큰롤과 록이 재즈의 인기를 위협했기 때문이다.

그러나 이 시기는 재즈가 전 세계적으로 확산되어 나름의 발전을 시작한 때이기도 하다. 브라질, 쿠바 등의 라틴아메리카는 물론이고, 유럽과 아시아까지 재즈가 확대됨으로써 국가별로 새로운 문화적 전통을 확립하게 된 것이다. '프리재즈^{Free Jazz}'나 '퓨전^{Fusion}' 등의 명칭은 이처럼 다

■ 미국의 대표적인 재즈 음악가 가운데 한 명인 루이 암스트롱. 독특한 목소리와 탁월한 트럼펫 연주로 사람들의 마음을 사로잡았다. 과거에 재즈는 주로 합주로 연주되었으나, 암스트롱은 여기에 독주라는 새로운 전통을 도입했다.

양하게 분화되어 체계화하기 어렵게 된 재즈의 지위를 보여준다.

'가장 미국적'이라고 불리는 재즈는 가장 세계적인 음악이기도 하다. 재즈는 이미 오래전 미국의 뿌리에서 분리되어 전 세계 다양한 음악과 결합해 발전하고 있다. '국적'에 얽매이지 않고 나라를 건너뛰어 영향을 주고받으며 발전하는 것은 문화의 기본적 특성이기도 하다.

오늘날 재즈는 미국에서 침묵 다음으로 가장 많은 공간을 채우는 소리가 되었다. 록이나 고전음악을 짜증스러워하는 사람조차 재즈에는 그다지 민감하게 반응하지 않는다. 재즈는 어느새 '취향을 타지 않는' 음악, 그래서 커피숍이나 식당에서 가장 흔하게 들을 수 있는 음악으로 자리 잡았다. 오늘날 이런 사실에 놀라는 사람은 거의 없을 것이나 불과 수십 년 전만 해도 이것은 그리 '당연한' 일은 아니었다.

재즈는 '가장 미국적인 음악'인가? 알 수 없다. 그러나 분명한 것은 재즈 속에 수많은 아픔과 고통의 목소리가 녹아 있다는 사실이다. 재즈를 좋아하는 사람이라면 한번쯤 그 목소리에 귀를 기울여도 좋을 것이다. 고난 속에서 재즈를 잉태했던 이들은 조롱 속에서 그 음악을 길러냈고, 차별 속에서 그것을 전파했다.

그렇다면 재즈는 '가장 미국적인 예술 형식'인가? 역시 알 수 없다. 그러나 역시 한 가지만은 분명하다. 적어도 그 음악을 가능케 했던 '가장 미국적인 예술가'들과 '가장 미국적인 미국인'들이 합당한 대접을 받지 못했다는 사실이다. 과거뿐 아니라 지금 이 순간까지도.

114

단 한 사람을
위한
교통표지판

누구든 제 나라를 떠나 살기란 쉽지 않은 일
이다. 숨 쉬듯 익숙하던 일상이 갑자기 마음먹고 해결해야 하는 과업이
되기 때문이다. 식당에서 음식 주문하기, 미용실에서 머리 자르기, 병원
에서 진료받기처럼 사소한 일들이 적잖은 무게감으로 다가오게 된다.
새로운 문화 환경 속으로 들어가는 것은 만만치 않은 심리적 압박을 수
반하지만, 이 적응 과정은 의미 있는 배움의 기회이기도 하다. 그동안
자연스럽게 받아들였던 자국의 문화와 제도를 낯선 눈으로 바라볼 수
있기 때문이다. 새 환경에 적응하는 것은 익숙한 과거 환경과 끊임없이
비교하는 가운데 이루어지기에, 이국의 삶은 도리어 모국에 대해 더 많

115

은 것을 생각하고 깨닫는 기회가 된다.

처음에는 두 나라 간의 차이점에 주목하게 된다. 이처럼 차이가 크게 부각되는 초기에는 자국이나 타국 가운데 어느 한 곳을 긍정적으로 평가하면서 상대국을 깎아 내리는 태도가 생기기도 한다. 하지만 타국에서의 거주가 '여행'에서 '삶'으로 바뀔 때쯤이면 '사람 사는 곳은 어디나 비슷하다'는 생각을 갖기 마련이다.

부러운 공공도서관, 더 부러운 장애인 배려

언젠가 미국인 친구가 "미국의 어떤 면이 가장 마음에 드냐"고 물은 적이 있다. 본래 나쁜 점은 구체적으로 보이지만 좋은 점은 추상적이고 모호하게 나타나는 법이다. 얼른 답을 하지 못하고 이리저리 눈동자를 굴리자 친구가 도움을 줄 요량으로 한마디 보탠다.

"뭐든 가져갈 수 있다면 한국으로 뭘 가져가고 싶어?"

넓은 땅? 다양한 자연환경? 이런저런 생각 끝에 두 가지 답을 내놓았다. 공공도서관public library과 장애인에 대한 배려가 그것이다.

유럽에 비해 미국은 '복지'라 할 만한 것이 거의 없는 나라다. 문자 그대로 살인적인 의료비와 보험료, 대학졸업자를 거액의 빚쟁이로 만드는 터무니없이 비싼 등록금(미국 대학생들은 평균 2000만 원 이상을 빚지고

■ 1990년 통과된 미국의 장애인법(ADA) 은 모든 장애인이 공공시설과 교통 및 통신 수단에 어려움 없이 접근해야 한다 고 규정하고 있다. 사진은 한 장애인이 휠체어에 탄 채 버스에서 내리고 있는 모습.

사회에 나간다), 돈 없는 노인을 비참하게 하는 허술한 노후 복지가 말해 주듯 말이다. 하지만 이 복지의 불모지에서도 공공도서관과 장애인 정책만큼은 빛을 발한다.

미국 공공도서관은 모든 사람들이 편하게 이용할 수 있도록 각 지역 구석구석에 마련되어 있다. 겨우 인구 수천 명의 작은 마을에도 공공도서관이 있을 정도다. 미국 도서관협회의 2008년 보고서를 보면, 미국 전역에는 분관을 포함해 1만 6543개의 공공도서관이 있다. 국민 1만 8000명당 하나의 공공도서관을 갖는 셈이다. 여기에 공립학교의 크고 작은 도서관 8만여 개를 더하면 주민들이 실제로 도서관을 이용할 수 있는 기회는 훨씬 더 늘어난다.

공공도서관은 쾌적한 시설에 다양한 도서, 음반, 영화 등을 갖추고 방문자를 맞는다. 이곳은 주민들을 위한 독서클럽, 전시회, 저자와의 대화, 영화 상영 등 문화 행사의 공간으로도 사용된다. 미국 공공도서관의 가

117

■ 뉴욕시의 공공도서관. 미국에는 대규모 시설에서부터 지역의 소규모 분관에 이르기까지 1만 6500여 개의 크고 작은 공공도서관이 전국 곳곳에 자리 잡고 있다.

장 뛰어난 부분은 주민들의 편의를 최대한 배려하는 방식으로 운영된다는 점이다. 필요한 자료를 온라인으로 예약할 수 있고 신청한 자료가 도서관에 준비되면 신청자에게 이메일이나 전화로 알려준다. 여러 지역의 도서관들과 데이터베이스를 공유하고 있기 때문에, 다른 지역의 자료도 신청할 수 있다. 그러면 신청자의 집에서 가장 가까운 곳으로 배달까지 해준다.

미국의 공공도서관은 한국어 책들을 포함해 놀랄 만큼 방대한 자료를 갖추고 있으며 잘 훈련받은 사서들이 이용을 돕는다. 공공도서관의 자료 구비와 시스템 구축 그리고 인적 관리는 정부의 충분한 재정 지원이 없으면 불가능한 일이다. 그러나 이처럼 훌륭한 도서관보다 더 부러운 것이 있다. 바로 장애인에 대한 사회적 배려다.

나는 스타벅스에서 불온한 상상을 한다

한 사람을 위한 교통표지판

내가 사는 도시에서 한 시간쯤 차를 몰면 인적이 드문 교외가 펼쳐진다. 사람이 거의 살지 않는 곳이라 도로도 넓지 않고 지나는 차도 많지 않다. 언젠가 이곳을 지날 때 도로 한쪽에 세워진 노란색 교통표지판을 보았다. 익숙하지 않은 모양이었으나 시에서 설치한 공식 표지판임이 분명했다. 읽어보니 이렇게 쓰여 있었다.

"근처에 청각장애인이 살고 있으니 주의해서 운전하시기 바랍니다."

표지판 위쪽으로 시선을 돌리자 언덕 위에 작은 집 한 채가 보였다. 그곳에 사는 가족 가운데 한 명일 것이다. 혹시 그 청각장애인이 도로에 나왔다가 경적소리를 듣지 못해 사고를 당할 수 있으니, 운전자들이 미리 주의해 달라는 당부였다.

미국에 처음 도착했을 때 가장 먼저 눈에 들어온 것은 수많은 장애인들이었다. 거리, 공원, 식당, 극장, 공연장, 버스 등 어디서든 휠체어를 탄 사람들을 만날 수 있었다. 한국에서 장애인들을 보기 어려운 것은 수가 적어서가 아니다. 건물과 거리의 장애물, 무엇보다 '정상인'을 자처하는 사람들의 왜곡된 시선이 이들의 외출을 막고 있기 때문이다.

'장애인용 화장실'을 보기 어려운 미국

미국에서는 '장애인용 화장실'을 찾기 어렵다. 화장실 전체를 장애인의 편의를 기준으로 설계하기 때문이다.

휠체어가 쉽게 들어갈 수 있도록 넓게 설계된 화장실 구조는 모든 사용자에게 쾌적함과 편안함을 준다. '범용 설계universal design' 또는 '장벽 제거 설계barrier-free design'라 불리는 이 방식은 어린이와 노약자들을 포함한 모든 사람에게 환영을 받는다.

장애인에 대한 배려는 화장실뿐만 아니라 미국 사회 곳곳에서 쉽게 발견할 수 있다. 버스를 예로 들자면, 버스가 정차하면 차체가 승차장 높이로 낮아지거나 출입구에서 진입용 경사로가 나와 휠체어가 쉽게 드나들 수 있도록 한다. 버스 안에 휠체어를 위한 공간이 별도로 확보되어 있는 건 당연한 일이다. 휠체어 사용이 어려운 장애인이나 대형버스의 접근이 쉽지 않은 지역에는 이들의 필요에 맞춘 전용버스가 운영되기도 한다.

이뿐만이 아니다. 초·중·고등학교에 가면 서너 명의 교사들이 함께 수업을 하는 모습을 볼 수 있다. 담당 교사와 장애 학생을 1대1로 돕는 전문교사, 영어 이해에 어려움을 겪는 외국 학생을 위해 스페인어, 중국어, 한국어 등의 담당 교사들이 공동 수업을 하는 것이다. 장애인들은 자신들의 필요에 맞춘 교육 서비스를 받을 권리가 있고, 학교와 정부는 이를 무상으로 제공할 의무가 있다.

미국에서 장애인들이 마땅한 대접을 받을 수 있게 된 데에는 법의 도움이 컸다. 1990년에 통과된 '미국 장애인 보호법Americans with Disabilities Act' 이 대표적이다. 이 법은 장애인들이 대중교통, 건물, 통신 시설에 어려움 없이 접근할 수 있어야 한다고 규정하고 있다.

이 장애인 보호법은 '차별을 금한다' 는 막연하고 추상적인 내용이 아니라 "상점과 식당 등 대중 시설의 출입문은 최소한 32인치(약 80센티미터) 이상 열려야 한다" 는 등 아주 구체적인 내용을 담고 있다. 만일 이 규정을 지키지 않으면 장애인들은 업소를 고소할 수 있으며 위반 사실이 입증될 경우 업소들은 보상은 물론 원고의 소송비용까지 물어야 한다. 소송이 끝난 뒤에도 시설을 고치지 않으면 몇 번이고 고소를 당할 수 있기 때문에 업소는 이를 피하기 위해 장애인 접근권을 보장하지 않을 수 없다.

대기업의 경우, 장애인 보호법 위반으로 고소를 당하는 것 자체가 기업 이미지의 치명적인 손상을 의미한다. 그 때문에 기업들은 거의 강박에 가까우리만큼 시설에 신경을 쓴다.

성희롱 처벌, 장애인 채용 의무의 완화 요구하는 한국 재계

2008년 4월 초, 한국의 전국경제인연합회와 대한상공회의소 등 경제 5단체는 정부에 기이한 요청을 했다. "기업 활동에 방해가 된다" 며 직장

내 성희롱 처벌과 장애인 채용 의무 완화 등을 요구한 것이다. 입만 열면 정부에 '미국식'을 요구하는 기업들이 이런 부분에서는 '주체적으로' 외길을 간다.

정상적인 사고체계를 지닌 정부라면 당연히 "부끄러운 줄 알라"고 꾸짖었어야 옳다. 하지만 한국 정부의 대답은 "검토하겠다"는 것이었다.

1990년에 미국의 장애인 법을 통과시킨 사람은 놀랍게도 공화당의 '아버지 부시'였다. 부시 대통령과 그가 속한 공화당은 '친 기업 정책'으로 잘 알려져 있다. 하지만 그는 이 법안에 서명하면서 이처럼 말했다.

"(기업들 가운데는) 장애인 보호법이 너무 모호하다거나 지나친 비용을 요구한다고 생각하는 경우도 있을 것입니다. 끝없는 소송을 낳게 될 것을 우려하는 이도 있을 겁니다. 그러나 자신 있게 말씀 드리건대 저와 의회는 아주 신중하게 이 법안을 작성 했습니다. …… 우리 다 같이 수치스러웠던 차별의 벽을 허물어 버립시다."

어떻게 이런 일이 가능했을까? 간단하다. 장애인에 대한 배려는 보수와 진보를 막론하고 '당연히 해야 할 일'이라는 공감대가 오래전부터 존재해 왔기 때문이다.

미국의 장애인에 대한 존중과 배려의 정신은 여러 곳에서 찾아볼 수 있지만 그중에서도 아동용 교육방송은 특별한 의미로 다가온다.

만화영화에서 드러나는 장애인에 대한 존중과 배려

미국의 공영방송 PBS는 어린이용 전문 채널 PBS KIDS를 운영하고 있다. 이 채널은 한국에서도 잘 알려져 있는 〈세서미 스트리트〉를 비롯해 다양한 어린이용 프로그램을 전국에 방송한다. 상업 광고 없이 정부 보조 및 찬조금으로 운영되는 이 방송은 양질의 교육 프로그램으로 정평이 나 있다.

그중에서 전국의 부모들과 교육 전문가 그리고 무엇보다 어린이들을 가장 열광시키는 프로그램이 있다. 〈용 이야기〉라는 애니메이션이다. 이 만화영화는 '에미상'과 '부모 최고 추천상' 등 화려한 수상 경력을 자랑하며 아동용 프로그램 가운데 최고의 시청률을 기록하기도 했다.

"바라고 바라건대 저 먼 공룡의 나라로 우리를 데려가 다오."

주인공 소년소녀는 일상의 작은 문제에 부닥칠 때면 용의 비늘을 잡고 이렇게 주문을 왼다. 그러면 놀이방 벽지에 그려져 있는 갖가지 용들이 살아나 그들을 에워싸고, 주인공들은 순식간에 신비로운 용의 세계로 빠져 들어간다. 여기까지 보면 한국에서도 흔히 접하는 공상 만화영화와 큰 차이가 없다. 그러나 등장인물들을 주의 깊게 살펴보며 이 만화영화의 특별한 점을 발견하게 된다.

이 만화영화에 등장하는 모든 캐릭터는 공통점을 찾기 어려울 만큼 외

■ 미국 공영방송 PBS의 만화영화 〈용 이야기〉 웹사이트. 어린이들은 이 프로그램을 통해 다양성과 차이를 인정해야 한다는 사실을 깨닫고 자신보다 약한 이들을 배려하는 법을 배운다.

모와 성격이 다르다. 유일한 공통점이 있다면 모두 나름의 약점을 지니고 있다는 것이다. 그런데 이 차이와 약점은 서로 존경하고 감사해야 할 미덕으로 그려진다. 예를 들어 주인공 소녀 에미는 항상 자신감에 차 있으나 이 열정은 항상 문제의 시작이 된다. 동생 맥스는 키가 작아 고민하지만 결국 그의 작은 체격은 문제를 해결하는 훌륭한 장점이 된다. 분홍색 소녀 용인 캐시는 지나치게 수줍어하고 매사에 자신감이 없지만 문제를 파악하는 차분한 두뇌를 가지고 있다. 파란색 용 오드는 거대한 체구에 어울리지 않게 겁이 많다. 하지만 가장 힘이 세고 움직임이

124

나는 스타벅스에서 불온한 상상을 한다

빨라서 계획을 실행에 옮기는 데 꼭 필요한 존재다. 잭과 휘지는 머리는 두 개지만 몸은 하나인 샴쌍둥이 용으로, 음악을 연주하는 탁월한 재능으로 친구들을 행복하게 해준다.

〈용 이야기〉에서 가장 주목할 부분은 어린이로 하여금 장애인을 동등하고 소중한 '우리' 가운데 한 명으로 가르치고 있다는 점이다. 진분홍빛 용 로카는 휠체어를 타고 다닌다. 그는 비록 거동이 불편하지만 누구도 따라 오지 못할 창의력으로 친구들을 매혹시키고, 어린이들은 이 멋진 캐릭터를 통해서 장애인들을 배려하는 법을 배운다.

흔히 '교육방송' 하면 글이나 수를 가르치는 기능적인 프로그램을 떠올린다. 하지만 나와 다른 사람을 받아들이고 존중하는 법을 배우는 것보다 더 소중한 교육은 없다. 비록 '효율성' 이 진리로 군림하는 시대에 살고 있지만, 장애인 정책은 한 사회가 인간을 어떻게 대접하는가를 보여주는 거울이다.

당신은 어느 나라에 살고 싶은가? 어제까지 거리를 즐겁게 활보하던 당신을 오늘 몸이 불편해졌다고 어둠과 냉대 속에 몰아넣는 '효율적인' 사회에 살고 싶은가. 아니면 당신이 어떤 모습으로 존재하든 변함없이 배려하고 보살피는 사회에 살고 싶은가.

콜럼바인의 악몽이 계속되는 이유

미국은 왜 해마다 되풀이되는 총기 난사 사건을 해결하지 못하는 것일까? 세계에서 둘째가라면 서러워할 만큼 삼엄한 공권력을 갖춘 사회에서 말이다. 공공의 안전을 위해 개인의 총기 사용을 규제하는 것이 그렇게 어려운 일일까?

그러나 잘 생각해보면 미국 정부가 손을 쓰지 못하는 것이 비단 총기 문제만이 아님을 알 수 있다. 매년 수만 명이 병원 문턱에도 못 가보고 죽어가지만, 정부는 이 문제를 해결할 엄두도 내지 못한다. 세계에서 가장 부유한 나라임에도 말이다.

그뿐 아니다. 미국 정부는 자국민의 입으로 들어가는 식품의 안전 문제

■ 휴스턴에서 열린 '총기 쇼(gun show)'. 총기류 판매 촉진을 위한 행사 가운데 하나다.

도 제대로 규제하지 못하고 있다. 여러 나라가 철저한 표시를 의무화하고 있는 유전자 변형 농산물^{GMO}이 미국에서는 거의 아무런 제약 없이 유통되고 있다.

육류의 안전 관리도 늘 문제가 되지만 해결은커녕 개선의 기미도 보이지 않는다. 병원성 대장균 오염, 암을 유발하는 호르몬 과다 사용, 광우병의 원인인 동물성 사료 사용 등으로 국민 건강이 위협받고 있는데도 정부 당국은 손을 놓은 듯 소극적으로 대응한다. 육류가 심각한 문제를 일으킨 경우라도 농무부가 할 수 있는 일은 업계가 제공한 자료를 토대로 문제 상품의 회수(리콜)를 '권유'하는 것뿐이다.

무엇이 문제일까? 총기사고, 의료문제, 식품안전은 별개의 사안처럼 보이지만, 자세히 살펴보면 하나의 원인에서 비롯된다는 것을 알 수 있

127

다. 바로 '작은 정부'다. 정부의 몫이 작다는 것은 민간 부문의 몫이 그만큼 커지는 것을 뜻한다. 이 점은 미국의 사회와 문화를 이해하는 데 있어 대단히 중요하다.

'작은 정부'와 '큰 개인' 그리고 신성불가침의 '자본'

부유층과 재계의 이익을 대변하는 보수적 정치집단일수록 '작은 정부'를 주장하는 경향이 있다. 미국도 예외가 아니다. 그러나 유럽 국가들과 비교할 때 미국은 별로 '큰 정부'를 가져본 일이 없다.

미국 선거제도를 다룬 앞의 글에서도 언급했듯이 미국은 독립 뒤 '단일국가'를 이루는 데 꽤 오랜 시간과 노력이 필요했다. 영국이 미 대륙 동부 해안에 건설한 13개의 식민지는 서로 더 많은 땅과 자원, 식량을 확보하기 위해 툭하면 영토 싸움을 벌이곤 했다.

흔히 미국의 독립은 '압제와 불의에 맞서 싸운' 영웅담으로 그려지곤 한다. 그러나 이런 평가는 앨리스테어 쿡의 말대로 "애국 이데올로기에 물든 역사가들이 지어낸 소설"에 지나지 않는다. 서로 으르렁거리던 식민지를 한 데 묶어준 공감대는 오히려 영국 국왕에 대한 충성심이었다.

영국 통치자에 대한 존경과 애정이 적개심으로 바뀐 이유는 영국산 물건들에 붙은 세금 때문이었다. 조지 3세 이후 식민지에서 화폐를 발행하는 것이 금지됐고, 식민 개척자들이 즐겨 마시던 차에는 고액의 세금

이 부과되었다. 세금 때문에 갑자기 오른 차 값은 큰 불만거리였으며 그 가운데 발생한 영국과의 우발적 충돌이 혁명의 계기가 되었다. 지역 간의 소유 다툼을 어느 정도 막아주던 것이 영국 통치자였지만, 이 통치는 결국 소유문제로 막을 내리게 된 것이다.

독립전쟁 이후 각 식민지의 재산 싸움이 다시 시작되었음은 물론이다. 이처럼 서로 갈등하던 지역들을 하나로 통합하기 위해서는 각 주의 재산과 치안에 관한 자치권을 인정하지 않을 수 없었다.

'행복추구권'이 '재산추구권'으로

각 주의 대표들이 모여 완성한 미국 독립선언문에는 다음과 같은 조항이 있다.

> "우리가 믿는 자명한 진리가 있다. 그것은 모든 사람은 평등하게 태어났으며, 모두 창조주로부터 침해할 수 없는 권리들을 양도받았다는 것이다. 그것은 생명, 자유 그리고 행복을 추구할 권리다."

그러나 주의 대표들이 각자 지역으로 돌아가 주 헌법을 제정할 때는 몇 가지 표현이 달라졌다. "행복을 추구할 권리"를 "재산을 획득하고 보호할 권리"로 바꾼 것이다. 이들은 자신들이 모아놓은 재산에 중앙 정부가 손을 대는 것을 원치 않았다. 그리하여 '행복'이라는 추상적 가치는

129

In CONGRESS, July 4, 1776.

The unanimous Declaration of the thirteen united States of America.

■ 미국 독립선언서. 대륙회의를 구성하던 미국 동부의 13개 식민지 대표들에 의해 1776년 4월 17일 채택되었다.

'재산'이라는 구체적이고 물질적인 대상으로 전환되었다.

이러한 배경에서 탄생한 '자치권'은 개인 기업들이 정부의 규제를 받지 않고 무럭무럭 자라날 수 있는 토양이 되었고, 정부가 비운 자리는 각지에서 빠르게 재산을 불려나가던 유지들이 차지했다. 이렇게 형성된 미국의 독점자본주의는 정부의 간섭을 받지 않는 정도가 아니라, 정부를 주무르는 단계까지 발전했다.

앞에서 각 주의 헌법이 재산의 '획득'뿐 아니라 '보호'까지 규정하고 있다는 사실을 언급한 바 있다. 미국인 가운데 일부는 이 부분이 사적무력 사용까지 인정하는 것으로 해석한다. 수정헌법 2조에는 다음과 같은 조항이 있다.

"각 주의 보안에 필요한 경우, 잘 통제된 민병대 개인이 무기를 소유하고 지닐 권리를 침해해서는 안 된다."

미국총기협회[NRA]가 신주처럼 모시는 이 조항은 오랫동안 논란의 대상이 되어 왔다. 규정하고 있는 대상과 범위가 대단히 모호하기 때문이다. 현재 미국의 거의 모든 주가 총기를 구입하는 것은 물론 소지하는 것도 허용하고 있다.

휴대를 금하는 곳은 일리노이와 위스콘신 두 주뿐이다. 그러나 이 주들도 총기 휴대를 허용하라는 압력에 시달리고 있다. 놀라운 것은, 계속되는 총기 난사 사건으로 인해 국민들의 우려가 높은 상황에서도 총기 휴

콜럼바인의 악몽이 계속되는 이유

대를 허용하는 주는 계속 늘어났다는 사실이다.

미국엔 오랜 '민병대militia' 의 역사가 있다. 이는 공권력이 확립되기 전부터 넓은 지역에 흩어져 살던 거주민들이 만들어낸 자기 방어 수단이지만 침략이 곧 '개척' 이었던 역사의 산물이기도 하다. 그러나 총기 규제를 어렵게 하는 것은 역사적 이유보다는 총기 판매상들이 자신의 '재산권' 이 침해되는 것을 두려워하기 때문이다. 미국총기협회는 미국에서 가장 강력한 로비단체 가운데 하나다.

"내 손에서 총을 빼앗으려면 나를 죽인 후에"

1999년 4월 20일. 콜로라도의 한 학교에서 고등학생 두 명이 총을 난사해 학생 12명과 교사 1명이 죽고 23명이 다쳤다.

그로부터 1년이 지난 2000년 5월 20일, 미국총기협회의 정기총회가 열렸다. 대통령 선거를 앞두고 총기 문제가 주요 이슈로 부상하고 있던 때였다. 당시 총기협회 회장을 맡고 있던 이는 원로 배우 찰튼 헤스턴이었다. 그는 연단에 올라 이렇게 말문을 열었다.

"앞으로 6개월 동안 앨 고어는 여러분들을 사악한 적으로 만들 겁니다. 그는 여러분들이 총이나 휘두르고 다니는, 어리석고 피에 눈이 먼 미치광이라고 떠들고 다닐 겁니다. 여러분은 그냥 참고 계시겠습니까? 나는 참지 않을 겁니다. 만일 이 사기극을 멈추고 싶다면 전국의 모든

나는 스타벅스에서 불온한 상상을 한다

■ 버지니아공대 총기 난사 사건의 희생자들을 기리는 추모비. 그들의 죽음을 애도하는 사람들이 가져다 놓은 꽃들이 보인다.

총기 소지자들께서 대통령 선거 때 투표장으로 나오셔야 합니다."

헤스턴은 말을 멈추고 행사장의 사람들을 천천히 둘러보았다. 그러고는 남북전쟁 당시 쓰였던 재래식 소총을 머리 높이 들어올린 후 분노를 담은 목소리로 외쳤다.

"올해는 우리를 분열시키고 자유를 빼앗으려는 세력을 물리치는 승리의 원년이 될 것입니다. 이 시기에, 나는 이 두 마디를 여러분에게 던집니다. 내 말을 듣는 여러분 모두, 그리고 특히 앨 고어 당신에게. 내 손에서 총을 빼앗으려면 나를 먼저 죽여라!From my cold, dead hands!"

그로부터 7년 뒤 버지니아공대에서 32명이 총기 난사 사건으로 목숨을

콜럼바인의 악몽이 계속되는 이유

잃었다. 그리고 1년도 채 안 된 2008년 2월 14일 노스일리노이대학교에서 대학원생이 5명을 총으로 살해하는 사건이 일어났다. 그러나 정부는 그 뒤에도 아무런 대책을 내놓지 않았으며 공화당과 민주당의 대선 후보 가운데 개인의 총기 소유와 휴대를 금지하겠다는 사람도 나타나지 않았다. '개혁적인' 견해라고 해봐야 불법 판매를 금지하고 판매 과정을 좀더 투명하게 하겠다는 정도다.

'확실한 대안'은 오히려 업계에서 나왔다. 2008년 4월, 버지니아 총기 사건 1주년을 맞아 희생자 추도식이 미국의 여러 학교에서 열리고 있을 때였다. 인터넷 총기 판매업자인 에릭 톰슨은 슬픔에 빠진 버지니아공대를 방문해 "무고한 시민의 목숨이 위험한 범법자에 의해 위협받고 있다"고 우려를 표했다.

톰슨은 버지니아공대와 노스일리노이대학교 총기 사건의 두 범인에게 총기를 판매한 사람이었다. 그는 "위험에 대비해야 한다"고 말하며 다음과 같은 해결책을 제시했다.

"저는 앞으로 두 주간 대학생들에게 총기를 대폭 할인해줄 생각입니다. 모두 5400종류가 준비되어 있습니다. 가난해서 자신을 보호하지 못하던 학생들도 싼값에 총을 구입할 수 있게 될 겁니다."

134

'민영화'와 '탈규제'는 국민을 행복하게 할까

'작은 정부'는 한국에서도 익숙한 표어가 되었다. 정치인들은 '작은 정부'를 '선진화'를 위해 당연히 가야 할 길로 홍보하고 있으며 이를 위해 '민영화'와 '탈규제'를 서두르고 있다. 미국은 한국 정부가 지향하는 '선진화'의 모범적인 사례다.

한국 정부가 미국과 자유무역협정^{FTA}을 맺어야 한다고 주장하며 내세운 이유는 '경제 모델 업그레이드'. 그것이 어떤 결과를 가져올지 알고 싶다면 미국을 보면 된다.

미국의 보수 정치 집단은 기업의 이익 극대화를 보장하는 것이 '신의 뜻'이라고까지 주장한다. 사익 추구가 신의 뜻과 어떻게 연관되는지 알수 없지만 성경은 '돈을 사랑하는 것이 만악의 뿌리'라고 가르치고 있다. 미국총기협회장이었던 찰튼 헤스턴은 과거 〈십계〉와 〈벤허〉 등 기독교적 메시지를 담은 영화에 출연해 많은 이들에게 감동을 주었다. 훗날 연단 위에서 총을 높이 치켜들 때 '칼로 선 자는 칼로 망한다'는 예수의 가르침은 헤스턴 자신에게 어떤 의미로 다가왔을까.

헤스턴은 콜럼바인 총기사건 발생 9년째가 되는 2008년 4월에 숨을 거두었다. 그의 사망 소식이 전해졌을 때 풍자 신문인 〈어니언〉은 이렇게 보도했다.

"찰튼 헤스턴, 결국 죽어서 총을 빼앗기다."

135

봄보다 먼저
미국을 녹색으로
물들이는 사람들

시카고에는 도심을 가로지르는 제법 큰 강이 있다. 도시를 관통해 미시건 호수로 흘러들어가는 시카고 강이다. 이 강은 1년에 한 번씩 녹색 빛으로 바뀐다.

물론 시카고 강의 물이 평상시에도 '녹색'이긴 하다. 정확히 말하면 칙칙한 회녹색쯤 될 것이다. 그러나 3월 중순이 되면 강물은 잠시나마 탁한 색을 벗고 눈부신 에메랄드빛으로 변한다.

강물만 푸른빛을 입는 것이 아니다. 강이 화려한 변신을 하는 날이면 강둑과 다리 위는 새벽부터 녹색 옷을 차려입은 사람들로 붐빈다. '성 패트릭의 날 Saint Patrick's Day'을 기념하기 위해서다.

■ 녹색으로 물든 시카고 강. 매년 성 패트릭의 날(Saint Patrick's Day)이면 미국의 여러 지역에서 행진과 물감 풀기 등 다양한 행사가 열린다. 시카고 강 물들이기 행사에는 친환경 색소가 사용된다.

이렇게 시카고는 채 봄이 오기도 전에 신록을 맞는다.

봄보다 먼저 찾아오는 녹색의 제전

매년 3월 17일은 아일랜드에 기독교를 전했던 성 패트릭을 기리는 날이다. 성스럽게 들리겠지만 사실은 할로윈만큼 떠들썩한 축제일이다. 절기상으로는 영어권에서 '렌트^{Lent}'라 불리는 사순절이나 '이스터^{Easter}'로 불리는 부활절과 겹치는 시기다.

기독교 문화권에서 사순절은 예수의 고난을 기억하는 경건의 시간이다. 이 금욕의 기간은 보통 요란한 축제로 시작되거나 마무리된다.

지역에 따라 기념하는 방식은 다르지만, 보통 금욕기간에 금지된 음식을 마음껏 먹으며 즐긴다. 미국에서는 루이지애나주의 '마디그라^{Mardi Gras}'가 대표적이다. 그러나 이 행사는 미국 남부의 지역축제로 남아있을 뿐이다. 반면 성 패트릭의 날은 '아일랜드 마디그라'라는 별명을 얻으며 미국 전역에서 볼 수 있는 대중문화로 발전했다.

이날이 되면 미국 각지는 녹색으로 치장된 가장행렬 행사로 떠들썩하다. 사람들은 녹색 모자나 옷을 입고 대낮부터 술집에 들어가 아일랜드 맥주를 마신다. 식당에서는 쇠고기를 소금에 절여 삶은 아일랜드 전통음식 '콘드 비프^{corned beef}'를 내놓고, 일부 술집에서는 녹색 맥주를 팔기도 한다. (이름 때문에 착각하기 쉽지만 콘드 비프는 옥수수와 아무런 관련이 없다. 여기서 '콘'은 '굵은 소금'을 의미한다.)

138

■ 매디슨시의 성 패트릭의 날 행진. 이날은 국적과 종교를 넘어 대중적인 축제로 성장했다.

아일랜드에 뱀이 없는 이유

성 패트릭은 1500여 년 전인 4~5세기 무렵 아일랜드에 살았다. 성 패트릭이 사망하자 아일랜드인들은 이날을 공식 국경일로 지정하고 오랫동안 이를 기념해왔다.

성 패트릭은 본래 영국 태생이다. 열네 살에 납치돼 아일랜드에 노예로 팔려간 성 패트릭은 어려움 속에서 신을 만났고, 6년 뒤 노예생활에서 벗어나 가족에게 돌아간 뒤에도 아일랜드를 잊지 않았다. 그는 주교가

139

되어 아일랜드로 되돌아간다.

성 패트릭은 아일랜드를 가톨릭 국가로 바꾸어 놓았다. 그는 아일랜드 사상 가장 영향력 있는 종교인이었지만 평생을 청렴하게 살다 가난하게 죽었다. 성 패트릭은 오늘날 아일랜드뿐 아니라 전 세계적으로 가장 존경받는 성인 가운데 한 명이 되었다.

성 패트릭을 상징하는 이미지는 두 가지이다. 하나는 '샴록shamrock'이라 불리는 작은 클로버이고 또 하나는 뱀이다.

성 패트릭은 기독교를 전파하기 위해 클로버를 이용했다. 하나의 줄기에 세 개의 잎이 붙은 샴록은 '삼위일체Trinity'를 설명하기에 더없이 좋은 도구였기 때문이다. 게다가 클로버는 이미 아일랜드인들에게는 성스런 의미를 지니고 있었다. 봄이 찾아오기 무섭게 들판을 수놓는 클로버는 새로운 생명과 기운을 상징했기 때문이다.

■ 성 패트릭의 동상. 아일랜드의 기독교화에 핵심적인 역할을 한 성인으로, 세 잎의 샴록을 써서 삼위일체를 쉽게 설명했다는 이야기가 전해진다. 본래 영국 태생으로, 어린 시절 아일랜드로 납치되어 와 노예로 살았으나, 탈출해서 주교가 된 뒤 다시 아일랜드로 되돌아갔다. 평생을 청렴하게 산 그는 전 세계적으로 존경받는 성인으로 기억되고 있다.

뱀이 성 패트릭과 연관되는 이유는 그가 아일랜드의 뱀을 모두 쫓아냈다는 전설 때문이다. 아일랜드에 뱀이 없는 것은 사실이다. 그러나 아일랜드는 대륙에서 떨어진 섬으로, 성 패트릭 이전부터 뱀이 존재하지 않았다. 뱀은 '이교'를 몰아낸 기독교의 은유적 의미로 보는 편이 정확하다.

성 패트릭의 날엔 누구나 아일랜드인

성 패트릭의 숭고한 삶을 기리는 전통은 아일랜드에서 시작됐으나 이 날이 종교적 의미를 벗어나 대중문화의 형태로 발전한 데는 미국의 역할이 컸다. '성 패트릭의 날 가장행렬^{Saint Patrick's Day Parade}'을 가장 먼저 시작한 것도 미국이었다.

1762년 3월 17일, 뉴욕시에 주둔하던 영국군 소속의 아일랜드 병사들이 음악을 연주하며 행진한 것이 계기였다. 그들은 타국 땅에서, 그것도 영국 국기 아래 복무해야 했던 한 많은 이방인들이었다. 뿌리를 찾기 위한 병사들의 작은 노력은 아일랜드인들에게 커다란 마음의 위안을 주었으며, 아일랜드 이민자 증가와 더불어 이 행사의 의미는 점차 커졌다.

성 패트릭의 날 길을 거닐다 보면 거리와 상점에서 "3월 17일에는 모든 이가 아일랜드인"이라는 글귀를 쉽게 만날 수 있다. 간혹 "나는 아일랜드인이니 키스해 줘요^{Kiss me, I am Irish}"라는 글이 쓰인 티셔츠를 입고 다니는 사람도 볼 수 있다.

141

비록 지금은 누구나 가벼운 마음으로 아일랜드인이 되어볼 수 있지만, 20세기 초까지도 '아일랜드인'이라는 이름은 저주와 차별의 상징이었다. 일제 치하의 한국인과 나치 독일의 유대인 그리고 미국의 흑인이 그랬듯이 말이다.

'흰 검둥이', 백인도 피하지 못한 인종차별

많은 아일랜드인들이 영국의 잔혹한 압제와 흉년의 배고픔을 견디다 못해 미국행 배에 몸을 실었다. 미국에 아일랜드 이민자들이 대거 늘어난 것은 19세기 중반이다. 1845년에 시작되어 5년 가까이 계속된 아일랜드의 대기근 때문이었다.

굶어죽은 사람이 110만 명이 넘었고 그보다 더 많은 수가 식량을 찾아 아일랜드 땅을 떠났다. 1921년, 아일랜드가 독립을 쟁취했을 때 인구가 대기근 이전의 절반도 되지 않았다는 사실은 당시의 끔찍한 상황을 잘 말해준다.

그러나 꿈을 품고 찾아온 '신세계'에는 인종차별이 기다리고 있었다. '미국인'이라야 결국 같은 이민자들이었으나, 이들은 먼저 왔다는 이유만으로 겨우 목숨을 부지하고 찾아온 아일랜드인들을 조롱하고 모욕했다.

차별의 이유는 이러했다. 아일랜드의 언어가 '영국 영어'와 다르고, 아일랜드인들이 '본래 무식하고 교양이 없으며 잘하는 것이라곤 술 마시

■ 미국행 배에 몸을 싣고 있는 아일랜드 이민자들. 19세기 중반에 아일랜드를 덮친 감자 흉년으로 인해 100만 명 이상이 굶어죽었고, 수많은 사람들이 식량을 찾아 아일랜드 땅을 떠났다. 아일랜드인들이 미국으로 대거 이주하게 된 계기는 이 5년 동안에 걸친 대기근이었다.

고 싸우는 것밖에 없다'는 것이었다. 종교적인 차이도 문제가 되었다. 개신교가 지배적인 미국 사회에서 아일랜드 이민자들은 가톨릭을 믿는 이방인이었다.

다양한 개성을 지닌 사람들을 단일한 무리로 묶고 그 집단의 특성을 부정적인 몇몇 단어로 규정하는 것은 인종차별의 첫 단계다. 인종차별의 다음 단계는 그 특성에 타고난 '천성', 즉 유전적 지위를 부여하는 것이다.

이렇게 해서 아일랜드인들은 미국에서 '흰 검둥이'White Negro'가 되었다. 인종차별이 얼마나 근거 없고 비이성적인 모략인지를 이처럼 잘 보여

143

주는 예도 없을 것이다. 차별은 한동안 계속되었고 이들이 미국에서 시작한 '성 패트릭의 날 행진'도 처음에는 비슷한 평가를 받았다. '아일랜드인들의 술주정'이라는.

정치적 연대가 존경을 낳다

성 패트릭의 날이 모든 미국인이 즐기는 인기 축제가 된 것은 그리 오래되지 않았다. 아일랜드 이민자가 증가하고 이들의 경제력이 커지면서 성 패트릭의 날의 의미도 서서히 긍정적으로 바뀌었다. 하지만 이러한 변화를 가져온 가장 중요한 원동력은 아일랜드인의 정치적 연대였다. 아일랜드 이민자들은 자신들이 모여 함께 투표장으로 향하는 한 어떤 유력 정치인도 그들을 무시할 수 없다는 사실을 깨달았다. 아일랜드계 유권자들은 단합해서 조직적으로 움직였고 그 결과 '녹색 기계Green Machine'라는 별명을 얻었다. 정치인들은 이들의 환심을 사기 위해 애쓰지 않을 수 없었다.

정치인들은 표를 얻기 위해 하나둘 성 패트릭의 날 행사에 모습을 드러내 축사를 건넸다. 이미 불어나기 시작한 구경꾼들의 수도 정치인들에게는 큰 유혹이었다. 1948년 행사 때는 트루먼 대통령이 이 대열에 가담했다. 아일랜드 후손이 미국에서 이룬 전통이 미국인들의 마음속에 파고들었음을 입증하는 순간이었다.

144　이제 뉴욕에만도 성 패트릭 행진을 보기 위해 매년 수십만 명의 인파가

몰린다. 시카고, 밀워키, 보스턴 등 대도시는 물론 작은 마을의 퍼레이드에 참여하는 사람들까지 더하면 그 수는 어마어마하다. 이제 이날은 종교, 인종, 지역, 문화권에 상관없이 누구나 즐기는 축제로 자리 잡았다. 올해도 변함없이 돌아온 성 패트릭의 날은 운명에 굴하지 않고 싸워온 한 민족의 자랑스러운 투쟁의 기록이다. 착취, 편견, 차별을 이겨내고 오늘을 이룬 아일랜드 사람들. 나는 그들을 위해 기네스 잔을 든다.

봄보다 먼저 미국을 녹색으로 물들이는 사람들

'의약난민'을
아시나요?

'미국 국경지대를 둘러싼 분쟁'에 대해 들
어본 일이 있을 것이다. 이 말에 많은 사람들이 멕시코와 캐나다의 국경
을 통해 미국으로 들어가는 밀입국자들을 떠올릴 것이다. 그러나 이와
다른 형태의 밀입국도 존재한다. 미국인이 국경을 넘어 캐나다나 멕시
코로 넘어가는 것이다.

약을 사기 위해서다. 이처럼 미국에서는 국경을 넘거나 우편 주문으로
외국의 약을 구입하는 것이 보편화되어 있다. 법률에 따르면 이런 거래
의 대부분은 불법이다.

매출 손실을 우려한 미국의 제약업계는 정부의 강경한 대응을 요구해

146

Canadian MDs help US "drug refugees" bypass high prices

Drug prices may not have been an issue in the campaign leading up to Canada's Nov. 27 federal election, but they were front and centre when the US held its presidential election 3 weeks earlier. People like Bill and Kitty McHugh were the reason.

tivists in Pennsylvania and physician activists in Ontario. Alisa Simon, who is in charge of health issues for the advocacy group Citizens for Consumer Justice, organized 2 bus trips from eastern and western Pennsylvania, with one going to Kingston and the other to Hamilton.

On this end, physicians from the Medical Reform Group wrote prescriptions for the American drug refugees.

"There's a fairly simple reason for the higher costs down here," Simon said in an interview from her Philadelphia office. "In the US, we simply tell the drug companies to charge what they want — there's no ne-

the US election campaign, but he does not apologize for them. Trewhitt, a spokesperson for the Pharmaceutical Research and Manufacturers of America, says his industry is getting bad press in the US because the focus is always on drug prices and not on the real problem — the fact that elderly Americans have no government-sponsored drug coverage unless they are in a hospital or nursing home.

Trewhitt agrees that prices are higher in the US — "most other nations have government-mandated price controls and we do not" — but also points out that the US has the world's most innovative drug industry. According to Trewhitt, it takes the combined strength of all Western Europe and Japan to match US innovation. He also hinted that countries like Canada simply ride American coat-tails, all the while criticizing high American prices but more than happy to use the new drugs these high prices help to produce. "We still have marketplace incentives, and these are essential when you consider that it costs [CanS750 million] to bring a new drug to market."

The economic arguments may sound

Karen Nicholls of Scranton, Pa., shows off the drugs she bought during her October visit to Canada.

■ 미국의 '의약난민'을 다룬 기사. 미국에서는 캐나다나 멕시코로 약을 우편 주문하는 것은 물론, 직접 국경을 넘어 사오는 일이 보편화되고 있다.

왔다. 이에 따라 미국 정부는 2005년 11월 우편이나 방문을 통한 외국 의약품 밀구매를 강력히 단속하겠다는 방침을 발표했다. 미국 식품의약국[FDA] 역시 정부의 결정을 지지하고 나섰다. 중요한 것은 약품의 가격이 아니라 안전성이라는 것이다.

그러나 상황은 제약업계와 정부의 뜻대로 풀리지 않았다. 이미 폭넓게 확산된 밀입국 구매에는 미국인들이 그렇게 두려워하는 공권력도 속수무책이었다. 이것은 미국인들에게 단순한 관광이 아닌 '죽느냐 사느냐'의 문제였기 때문이다.

147

결국 정부는 한 발 물러설 수밖에 없었고 서슬 퍼런 단속강화령은 11개월만인 2006년 10월에 '일시정지'라는 이름으로 흐지부지됐다. 이 11개월 동안 적발된 사례는 수만 건에 이르렀다.

일상화된 밀구매에 정부도 속수무책

미국 내에서 처방약은 웬만한 중산층도 감당하기 어려울 만큼 비싸다. 이로 인해 국가를 넘나드는 '약 쇼핑' 단체관광객은 물론, 의료비를 감당하지 못해 아예 이민을 떠나는 이들까지 있다. 마이클 무어의 2007년 다큐멘터리 〈식코〉는 진료비와 약값 부담 때문에 미국 국적을 버리고 캐나다 남자와 결혼한 여성의 이야기를 들려준다.

이처럼 약을 사거나 치료를 받기 위해 국경을 넘는 미국인들을 캐나다와 멕시코에서는 '의약난민 drug refugee'이라 부른다. 이들 가운데 다수는 자신들의 행위가 법에 저촉된다는 사실도 모른 채 국경을 넘는다. 약을 사기 위해 석 달에 한 번씩 멕시코를 찾는 한 '난민'의 말을 들어보자.

"캐나다에서 우편으로 약을 주문하면 미국보다 30퍼센트 정도 싸게 살 수 있지요. 저는 국경에서 멀지 않은 텍사스에 살고 있기 때문에 직접 멕시코로 가서 석 달 치씩 약을 사가지고 오곤 합니다. 미국에서 파는 가격의 3분의 1이면 충분히 살 수 있습니다. 같은 약을 그렇게 싸게 살 수 있다면 국경을 넘는 일쯤은 아무 것도 아닙니다."(캐나다에서 약

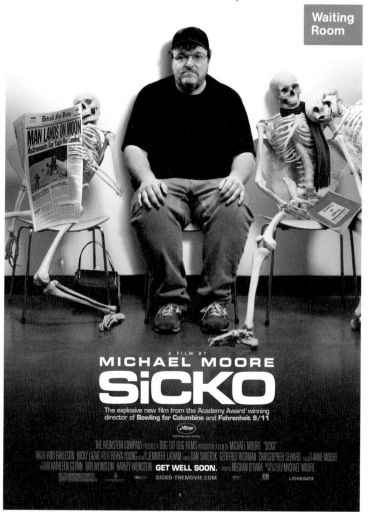

■ 마이클 무어의 다큐멘터리 〈식코〉 포스터. 국민보건이 기업들의 돈벌이 수단으로 전락한 미국의 현실을
재치 있게 다루고 있다. 미국은 세계에서 가장 부유한 나라지만 국민들 가운데 매년 수만 명이 보험 혜
택을 받지 못한 채 죽어가고 있다.

연금으로 생활하는 그는 한 달에 100만 원이 넘는 약값을 감당할 수 없었다. 따라서 그가 선택할 수 있는 대안은 합법적으로 약 복용을 중단하거나 불법으로 국경을 넘는 것뿐이었다. 그는 불법을 택했다.

물론 외국에서 약을 합법적으로 구입할 방법이 전혀 없는 것은 아니다. 그러나 이 합법적 구매는 여러 가지 까다로운 조건을 달고 있다. 미국 면허를 가진 의사의 처방이 있어야 하고, 한 번에 석 달 치 이상 구입할 수 없으며, 중한 질병 치료제의 경우는 미국에서 판매되지 않는 약만 구입해야 하기 때문이다.

미국 약은 왜 비쌀까

2001년 1월자 〈캐나다 의사협회보〉는 약을 구하기 위해 900킬로미터가 넘는 거리를 버스를 타고 왕복해야만 하는 한 미국인 부부의 이야기를 소개하고 있다.

미국 펜실베이니아주에 사는 나버트 부부는 비교적 부유하지만 매년 약값으로 들어가는 2000만 원은 꽤 큰 부담이 되었다. 같은 약을 캐나다에서 반값 이하로 살 수 있다는 것을 알게 된 그들은 주기적으로 온타리오에 가서 약을 사 온다. 11시간씩 차를 타는 것이 만만치 않지만 이 수고를 감수하면 2년에 차 한 대 값을 뽑을 수 있다.

150

미국과 캐나다의 약값이 이렇게 다른 이유는 무엇일까? 두 나라의 물가와 환율의 차이도 있지만, 더 큰 원인은 약값에 대한 정부의 정책이다. 미국 제약협회 대변인 제프 트레위트조차 미국 약값이 다른 나라와 큰 차이가 있다는 사실을 인정한다. "대부분의 나라에서는 정부가 약값 결정에 개입하지만 미국은 그렇지 않다"는 것이 그의 설명이다.

이는 미국 시민사회의 시각과도 일치한다. 미국 제약회사들의 이윤추구 행위에 맞서 공익을 지켜낼 아무런 장치가 없다는 것이다. 미국의 비영리 사회복지단체인 '소비자 정의 시민연대'Citizens for Consumer Justice의 회장인 앨리사 사이먼은 2001년 1월 23일자 〈캐나다 의사협회보〉에서 이렇게 말했다.

> "미국의 약값이 비싼 이유는 아주 간단합니다. 미국에서는 제약회사들이 아무런 규제 없이 원하는 가격을 책정할 수 있기 때문이지요. 그들에게는 어떤 협의도 필요 없습니다."

사이먼이 이끄는 이 시민단체는 정부에서 금지령을 내리기 전까지 정기적으로 국경을 넘는 무료 버스를 운행해왔다. 미국의 비싼 약값을 감당하지 못하는 사람들을 캐나다로 실어 나르기 위해서다.

'의약난민'을 아시나요?

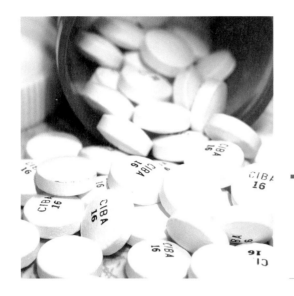

■ 미국의 제약회사는 정부의 간섭을 받지 않고 가격을 자유로이 책정할 수 있다. 그로 인해 다른 나라에서 저렴하게 팔리는 약이 미국에서는 고가에 거래되는 경우가 많다. 약값에 부담을 느끼는 많은 미국인들이 캐나다나 멕시코를 직접 방문하거나 우편 주문으로 약을 구입하고 있다.

'책임전가의 삼각지대'에 사람들이 산다

미국 제약협회 대변인 트레위트는 모든 책임을 제약회사에 전가하는 것은 부당하다고 주장한다. 비록 캐나다에서는 정부가 개입해서 25~40퍼센트까지 약값을 낮추는 정책을 쓰고 있지만 어디까지나 미국에 비해 상대적으로 싼 것이지, 소비자가 부담하는 절대 가격은 결코 낮지 않다는 것이다.

따라서 그는 약값을 인위적으로 조절하는 정책이 아니라 보험을 통해 약값을 보조하는 방식으로 접근해야 한다고 주장한다. 약값은 그대로 두고 다른 방안을 찾아야 한다는 것이다.

물론 그는 미국의 민간보험사들이 정부의 전국민 의무보험화 시도를 용인하지 않으리라는 것을 잘 알고 있다. 미국 정부에서 적극적으로 나설 가능성이 없다는 사실도.

이처럼 미국 정부와 제약회사 그리고 보험사는 비싼 약값에 대해 서로 책임만 전가할 뿐 아무도 책임을 지려 하지 않는다(서로 책임을 미룬다고 해서 이들 사이가 나쁜 것은 결코 아니다). 이 '책임전가의 삼각지대'에서 고통 받는 것은 국민뿐이다. 캐나다와 멕시코 국경 근처에 사는 이들을 부러워하면서.

그러나 막을 수도, 허용할 수도 없는 이 회색지대가 근본적인 해결책일 수는 없다. 게다가 의약품 편법 구입을 둘러싼 국가 간 분쟁은 이제 캐나다인의 보건을 위협하는 상황이 되고 있다. 자신들의 이윤이 줄어드는 것에 분개한 미국의 제약회사들이 캐나다에 약 공급을 줄이고 있기 때문이다.

캐나다는 세계 의약품시장에서 차지하는 비중이 2퍼센트에 지나지 않는다. 하지만, 이 때문에 37퍼센트에 달하는 자국 시장을 잃을 수도 있다는 것이 미국 제약업체들의 우려다.

국민소득 3만 달러는 행복을 가져다줄까

미국의 제약업체들은 캐나다의 편법시장이 자유무역협정 정신에 어긋난다고 비판하며, 저가 정책을 계속하면 약품 공급을 중단할 수도 있다고 경고한다. 자유무역협정이 국경을 넘어 소비자들에게 저렴한 상품을 배달해주기는커녕, 싼 상품을 찾아 국경을 넘는 사람들까지 막아 세우고 있는 것이다.

그러나 공급 감소나 중단은 불법 복제약을 낳고, 이렇게 양산된 복제약이 다시 미국 시장으로 대량 유입되는 악순환을 낳는다. 제약회사의 무모한 이윤 추구가 자국과 주변국 국민들의 보건을 위협하는 것은 물론 궁극적으로는 스스로 이윤을 줄이는 결과를 초래하는 것이다. 고가 정책을 통한 이익추구가 궁극적으로는 특허권 위반을 유도하기 때문이다. '국민소득 3만 달러 달성' 이 꿈인 나라. 이를 위해 미국식 체제로 가자는 한국 정부. 그러나 4만 달러의 국민소득을 자랑하는 미국인들이 약을 사기 위해 국경을 넘는다는 사실도 생각해볼 필요가 있을 것 같다. 3면이 바다인 한국은 국경을 넘기도 쉽지 않기 때문이다.

할로윈,
왜 하필
호박일까?

매년 가을이면 미국 전역이 할로윈으로 인해 떠들썩해진다. 그러나 내일이 오지 않을 듯 들뜬 분위기도 주말이 지나면 곧 사라지기 마련이다. 그러면 여름이 끝나기 무섭게 매장에 걸렸던 마녀 모자며, 해골인형이며, 고무로 된 잘린 팔 등이 '반액 할인' 딱지가 붙어 매장 한 구석에 방치된다. 게으른 가족들의 집 앞에는 으스스한 할로윈 장식이 여전히 밤을 지새우고, 시든 호박등도 여러 날 문가를 지키곤 한다.

할로윈의 열기로부터 벗어난 순간은 그날이 갖는 사회문화적 의미를 되새기기에 더없이 적합한 시기다. 적어도 그 행사에 어떤 일이 일어났

155

■ 매장에 걸려있는 할로윈 분장용 소품과 의상들. 아일랜드 이민자들에 의해 미국에 전해진 '죽은 자들의 날' 할로윈은 미국의 주요 명절이자 거대한 상업문화로 성장했다.

고, 사람들이 무엇을 했는지를 과거형으로 분석할 수 있기 때문이다. 지난 할로윈에도 미국인 두 명 가운데 한 명이 분장용 의상을 구입했을 것이며, 한 명당 40달러 이상을 썼을 것이다.

그러나 알뜰한 미국인들이 '거액'을 주고 구입한 의상도 할로윈이 지나면 내동댕이쳐질 호박등의 팔자와 크게 다르지 않을 것이다. 올해 의상을 내년에 다시 입는 일은 자신이 얼마나 따분한 사람인지를 홍보하는 행위이기 때문이다. 그 정도로 무감한 사람이라면 아예 할로윈 의상을 구입하지도 않을 것이다.

나는 스타벅스에서 불온한 상상을 한다

사탕, 맥주, 사랑 그리고 돈다발

내년이면 다시 여름 기운이 가시기가 무섭게 갖가지 의상이 매장 진열대에 걸리고, 사람들은 다시 창의력을 발휘해서 '남들이 잘 입지 않을' 개성 있는 의상을 고를 것이다. 물론 그 '독특한 의상'은 그 해에 거리에서 가장 흔히 접하는 품목이 될 것이다. 미국인들은 모두 남만큼은 독창적이기 때문이다. 이렇게 해서 미국 기업들이 대량생산된 분장 의상으로 한 해에 벌어들이는 돈은 30억 달러가 넘는다.

아일랜드 이민자들이 미국에 들여온 할로윈 행사는 이처럼 오늘날 미국인들의 삶에서 중요한 부분을 차지하게 되었다. 아이들에게는 사탕을, 청년들에게는 맥주를, 젊은 여성에게는 과감한 의상을, 노인들에게는 치기 어린 장난을, 그리고 기업가에게는 돈다발이 허락되는 날이 어찌 인기를 누리지 않을 수 있겠는가?

물론 이날에 모두가 즐거운 반응을 보이는 것은 아니다. 미국의 기독교는 오래전부터 이 '이교도의 날'과 미묘한 대립을 보여 왔다. 할로윈은 본래 켈트족의 옛 풍습에서 시작되었다. 그들은 할로윈에 죽은 자들의 영혼이 깨어난다고 믿었다. 이 악령이 산 사람의 몸속으로 들어오지 못하도록 무서운 분장을 해 쫓아버리려 한 것이다. 이런 '이교도'의 풍습은 삶과 죽음을 바라보는 기독교의 관점과 정면으로 충돌했다.

그러나 절반 이상의 미국인이 집에 할로윈 의상을 걸어놓고 있고, 그중 적지 않은 수가 설교시간에 할로윈 파티에 무엇을 입고 가야 할지를 고

157

민하는 상황에서 (주일학교 어린이들은 말해 무엇 하겠는가) 교회가 이 풍습에 공공연히 적대감을 드러내기는 어렵다. 미국 내에서그리고 전 세계적으로도 할로윈 행사는 종교적 의미를 오래전에 벗어나 일상의 일부가 되었다.

유럽에서는 무, 미국에서는 호박

아일랜드에서 수입된 할로윈은 미국에서 상업적 대중문화로 가공되어 다시 전 세계로 역수출되고 있다. 미국은 문화를 상품으로 만들어 파는 데 탁월한 재주를 가진 나라다. 독일 이민자가 만들기 시작한 햄버거를 맥도날드로, 이탈리아의 피자와 에스프레소를 피자헛과 스타벅스로 변모시킨 미국은 할로윈의 상징을 지극히 미국적인 '호박등Jack O' Lantern' 으로 바꾸어 놓았다.

기괴한 표정으로 밤을 비추는 호박등은 할로윈의 상징이 되었지만, 정작 이날의 기원을 제공한 아일랜드와 영국에서는 호박 대신 순무를 사용했다. 하지만 미국에 도착한 아일랜드 이민자들은 미국 원주민들이 제공한 '낯선 야채' 야말로 속을 파낸 후 그 안에 초를 넣기가 훨씬 수월하다는 사실을 깨달았다. 이제 아일랜드 이민자들의 후손은 수저로 속을 파 낼 필요도 없고 칼로 눈과 입을 새길 필요도 없는 플라스틱 호박등을 대량생산하고 있다.

158 할로윈이 다가오면 대학가에서 흔히 들을 수 있는 말이 있다. "뭘 입고

■ 할로윈의 상징이 된 호박등. 무서운 얼굴을 새기는 것이 전통적인 관습이지만 최근에는 익살스런 표정이나 '예술적인' 문양을 조각하기도 한다.

갈 거니?*What are you going as?*" 이날은 한 해 동안 예의바른 삶을 살아온 미국 젊은이들에게 해방구를 제공한다. 추운 날씨에 속옷 하나만 입고 다녀도 아무도 나무랄 사람이 없으며 (물론 이날이 아니어도 남의 옷차림을 가지고 왈가왈부하는 사람은 없다) 따분한 갭과 리바이스 청바지를 벗어던지고 과감히, 창의적(으로 대량생산된) 의상을 입는 날이기 때문이다.

위스콘신의 매디슨처럼 정치적으로 진보적이고 문화적으로 분방한 대학도시에서는 젊은이들의 '창의성'이 아주 극적인 형태로 나타나기도

159

할로윈, 왜 하필 호박일까?

■할로윈은 미국의 젊은이들이 일상의 질서와 규범으로부터 잠시 벗어날 수 있는 '카니발'이 되었다. 이날에는 많은 사람들이 갖가지 분장의상을 입고 거리를 누빈다.

한다. 매년 이날에는 전국에서 원정 온 이들을 포함해 10만 명이 넘는 인원이 갖가지 의상을 걸치고 모여든다.

매디슨의 할로윈에는 수백 명의 경찰병력이 '진행요원'으로 참여한 가운데 이틀 동안에 걸친 대규모 행사가 벌어진다. 행사가 마무리되는 일요일 새벽, 일부 참가자들은 그만 집으로 돌아가 달라는 경찰들의 요구에 "우리는 최루탄을 원한다"는 구호로 화답하곤 한다. 그리고 실제로

나는 스타벅스에서 불온한 상상을 한다

그들 중 일부는 최루탄 가루를 몸에 묻힌 채 집으로 돌아간다.

'망자의 날'에 죽음의 의미를 생각하다

한국에서도 점차 미국의 할로윈을 '기념'하는 사람들이 늘고 있다. 이에 대해 무비판적인 문화 모방 혹은 상업적 외피 수입이라는 비판도 존재하지만, 그 '흉내'에서 즐거움을 찾는 사람이 있다면 이를 뜯어말릴 수도 없는 노릇이다. 다만, 그날이 가진 본래의 뜻과 기원을 이해하려는 노력이 따른다면 '무의미한 행동'은 다른 나라의 문화를 수용하려는 시도라는 제법 그럴싸한 변명거리를 얻게 될 것이다.

마녀 모자를 쓰거나 얼굴에 가짜 피를 칠하지 않고도 '할로윈의 지혜'를 배우는 것은 충분히 가능하다. 그것은 누구나 맞이하게 될 죽음 앞에서 겸손함을 배우는 것이다. 성자도 말했거니와 잔치보다 장례식에서 인생의 더 많은 것을 배울 수 있는 법이다.

모두가 어딘가를 향해 정신없이 달려가는 시점에서 한 번쯤 죽음의 의미를 되새겨 보는 것은 나쁘지 않을 것이다. 사람은 결국 빈손으로 왔다가 빈손으로 돌아갈지니.

161

가을에
연하장을 보내는
사람들

"샤나 토바! Shana Tovah, 좋은 한 해!"

유대인들은 가을에 새해를 맞는다. 매년 9, 10월이 되면 그들은 친구들에게 보낼 연하장을 준비하고 가족 만찬용으로 쓸 신선한 사과와 꿀을 고르며 한껏 마음이 부푼다.

미국은 이스라엘을 제외하고는 가장 많은 유대인 인구를 가진 사회다. 그리고 이 600만 명의 유대계 미국인들 가운데 거의 절반이 미국 동북부의 도시에 거주하고 있다. 이스라엘의 인구가 700만 명이 채 되지 않는다는 점을 생각할 때, 미국 내 유대인 커뮤니티가 갖는 의미는 쉽게 짐작할 수 있다.

162

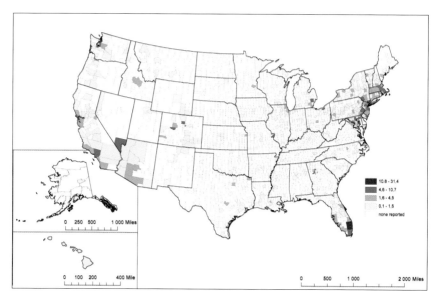

■ 미국의 유대인 인구 분포도. 색이 짙은 부분일수록 밀도가 높은 것을 나타낸다. 뉴욕을 중심으로 북동부 전체에 가장 많은 유대인들이 살고 있으며, 캘리포니아를 비롯한 서부 해안과 플로리다 일부에도 밀집 지역이 있다.

유대인의 설날 '로시 하샤나'

유대인들의 설날인 '로시 하샤나Rosh Hashanah'가 다가올 때 북동부를 중심으로 발달한 미국의 유대인 커뮤니티를 방문하면 한껏 들뜬 축제 분위기를 느낄 수 있다. 많은 유대계 학생들이 수업에 참석할 수 없다는 이메일을 보낸 뒤 고향으로 향한다. 그리고 온 가족들이 함께 모여 즐거운 시간을 보내면서 열흘 뒤에 찾아올 엄숙한 종교의례절인 '욤 키푸어(속죄의 날)'를 준비한다.

163

가을에 연하장을 보내는 사람들

내가 캐츠라는 이름의 랍비 한 명을 지속적으로 만나게 된 것은 아주 우연한 계기에서였다. 어느 날 매디슨의 랍비 한 분이 한국어를 배우고 싶어 하는데 가르칠 의향이 있느냐는 제안을 받았다. 그가 한국어를 공부하려는 동기는 "아무 실용적 목적이 없는 순수한 학문적 관심 때문"이라는 것이다.

그렇게 해서 나는 지난 봄 캠퍼스의 커피숍에서 랍비 캐츠를 처음 만났다. 그의 한국어 선생을 자청한 것은 두 가지 이유에서였다. 첫째는 '아무런 실용적 목적 없이' 한국어를 배우려는 동기에 매혹되었기 때문이고, 둘째는 유대인들의 문화와 삶에 대한 무지를 조금이나마 덜어보자는 것이었다.

이후 우리는 한 주에 한 번씩 만나 두 나라의 언어와 문화를 나누게 되었다. 랍비 캐츠가 제법 익숙하게 한국어를 받아쓰게 되었을 무렵 로시 하샤나가 찾아왔다. 우리는 그날 약속했던 히브리어 공부를 잠시 미루고, 유대인의 신년 로시 하샤냐에 대해서 이야기를 나누기로 했다.

사과, 꿀 그리고 생선머리

로시 하샤나는 '한 해(하샤나)'의 '머리(로시)'라는 뜻으로 한국의 '설날'에 해당한다. 이때가 되면 그들은 "샤나 토바"라고 말하며 서로에게 축복을 기원한다. 이날 유대인들은 꿀 바른 사과와 '칼라challa'라는 단맛의 빵, 그리고 생선머리로 만든 요리를 즐긴다.

164

■ 양 뿔피리 '쇼파'를 부는 한 유
대인의 모습. 쇼파는 다른 악기
가 흉내낼 수 없는 기묘하고 신
비로운 소리를 낸다.

이 음식에는 의미가 담겨 있다. 사과와 빵의 둥근 모양은 한 해가 돌아
오는 순환의 과정을, 꿀의 단 맛은 '달콤한 한 해'를, 생선머리는 1년의
시작을 상징한다. 로시 하샤나는 유대인들에게 새해의 시작이기도 하
지만, 가장 중요한 종교 절기가 시작되는 날이기도 하다.

가을에 연하장을 보내는 사람들

기독교의 '구약성경'에 해당하는 유대인의 성서 '토라'에는 이날이 "양 뿔을 부는 날"로 기록되어 있다. 양 뿔을 잘라서 만든 나팔 '쇼파 shofar'는 지상의 것이라고 생각하기 어려운 신비스러운 소리를 낸다. 유대인들은 이 소리를 "깨어서 심판의 날을 준비하라"는 신호로 여긴다. 유대회당에 모여 랍비가 연주하는 양 뿔 나팔소리를 듣는 것은 로시 하샤나를 기념하는 가장 중요한 행사다.

이야기가 이쯤 도달했을 때 랍비 캐츠는 미소를 지으며 잠깐 기다리라고 검지를 치켜들었다. 그리고 그는 사무실 모퉁이에 놓여 있는 양 뿔 나팔을 조심스레 집어 들고는 소리를 들려주었다. 그 기묘한 소리는 '희생양'의 상징적 의미와 결부되어 심판의 날을 준비하는 데 이 이상의 악기는 없을 것이라는 생각이 들게 했다.

욤 키푸어: 속죄의 날

로시 하샤나로부터 열흘째 되는 날에 '욤 키푸어 Yom Kippur'가 찾아온다. '속죄(키푸어)의 날(욤)'로 번역되는 욤 키푸어는 새해로부터 열흘이 되는 날 해가 떨어지는 순간부터 시작되어 그 다음날 해가 질 때까지 지속된다. 유대인들은 금식을 하고 자신의 죄를 뉘우치며 보낸다.

욤 키푸어가 시작되고 끝나는 시점을 계산하기 위해서는 해가 지는 시간을 정확하게 알아야 한다. 랍비 캐츠는 서류 캐비닛을 열어 매일매일 정확한 일몰시간을 기록한 시간표를 보여주었다. 그는 시간표를 기상

청으로부터 제공받고 있었다.

유대인들에게 욤 키푸어는 1년 가운데 가장 엄숙하고 성스러운 날이다. 금식기간 동안 그들은 음식은 물론 물 한 모금도 입에 대지 않는다. 화장을 하거나 몸을 씻지도 않으며 성관계도 금지된다. 이스라엘에서는 텔레비전 방송과 대중교통마저 중단된다고 한다.

그러나 흔한 오해와 달리 욤 키푸어는 유대인들에게 고통스러운 금욕의 날이 아니다. 오히려 신과 소통하는 기쁜 날이자, 신의 심판이 있기 전 생명책에 마지막으로 이름을 적어 넣을 수 있는 소중한 기회다. 그들은 25시간에 걸친 금식을 통해 신과 소중한 만남을 갖는다.

율법이나 고유의 풍습을 포기한 유대계 후손들마저도 욤 키푸어 만큼은 큰 의미를 두고 기념한다.

미국 내 유대인, '지배적 소수자'

미국 내의 유대인은 전체 인구의 2퍼센트가 조금 넘을 뿐이지만 다양한 분야에서 눈부신 활약을 해왔다. 노벨상을 수상한 미국인 가운데 37퍼센트가 유대인이라는 통계는 그 사실의 일부만을 설명해 줄뿐이다. 레너드 번스타인, 알베르트 아인슈타인, 토마스 쿤, 데이비드 사노프, 스티븐 스필버그, 우디 앨런, 본 조비, 조셉 퓰리처, 이작 펄만, 노엄 촘스키 등 걸출한 인물들이 예술, 과학, 인문학, 연예, 산업 등 모든 영역에서 성취에 성취를 거듭해왔다.

167

■ 미국의 한 유대회당.

그러나 유대인들은 수세기 동안 차별과 혐오로 고통 받아왔고 이 사실은 미국 내에서도 예외가 아니었다. 비록 유럽에서와 같은 반유대주의를 경험하지는 않았지만, 차별을 피해서 미국으로 이주해온 많은 유대인들은 오랫동안 동등한 미국 시민으로서의 지위를 누리지 못했다.

오늘날 유대계 미국인들의 연평균 소득은 비유대계 미국인보다 8000달러 이상 더 높다. 유대인들의 대학 진학률은 미국인들 평균의 두 배이고 대학원 진학률은 무려 다섯 배에 이른다. 그러나 오늘날까지 유대인을 겨냥한 차별의 징후는 완전히 사라지지 않고 있다. 유대인들이 미국 내에서 차지하는 위상은 '지배적 소수자'라는 모순적 표현으로 설명할 수 있다.

유대인들이 수세기 동안 유럽과 미국 정착과정에서 겪은 가난과 차별의 고통은 그들을 사회개혁 운동으로 이끌었다. 유대인들은 노동자들의 근로조건 개선과 인종차별 폐지를 위해 적극적으로 싸워왔다. 오랫동안 지속된 유대인들의 이러한 진보적 전통은 정당 지지 성향에도 그대로 드러난다. 지난 2004년 대선에서 유대계 미국인들 가운데 70퍼센트가 민주당에 표를 던졌다.

한국인을 포함해 적지 않은 사람들이 유대계 미국인들의 정치성향에 관해 그릇된 편견을 갖는 경향이 있다. 미국 내 유대인들은 평균적인 미국인들보다 부시의 '대테러 정책'에 더 비판적이다. 미국 기독교도의 70퍼센트가 부시의 대테러 전쟁을 지지하는 반면 유대계 미국인들은 46퍼센트만이 이 정책에 찬성하는 것으로 조사되고 있다. 유대인들이

169

정치적으로 보수적이라는 오해는 미국이 이스라엘을 국가로 승인한 최초의 나라이고 공화당의 대외정책이 반아랍 친이스라엘 정책을 표방해온 데서 비롯된 것이다.

70퍼센트가 민주당을 지지하는 유대인들의 '놀라운' 정치적 진보성을 이야기하자, 랍비 캐츠는 웃으면서 대답했다. "하지만 30퍼센트나 되는 사람이 보수정당을 지지하고 있지 않나요?" 전통적으로 진보적인 유대계 사회에서 30퍼센트나 되는 사람이 공화당에게 표를 던졌다는 것 자체가 놀라운 일이라는 것이다.

여전히 계속되는 차별

히틀러가 유대인을 혐오한 이유는 여러 가지가 있다. 첫째는 종교였고, 둘째는 유대인의 개혁성향이었다. 히틀러의 주요 정책기조는 '반유대주의' '반공' 그리고 '우익'이었다. 이런 나치 지도자의 눈에 유대인들은 이념적으로 용서받을 수 없는 '빨갱이'로 보였다. 미국에서도 파시스트적 반공주의가 기승을 부릴 때마다 유대인들의 진보성은 반유대주의적 차별의 빌미가 되었다.

미국 내 유대인의 이민사는 미국 건국 시기로 거슬러 올라가지만 그들은 아직도 차별의 고통에서 완전히 벗어나지 못하고 있다. 유대인의 이미지는 반유대주의적 고정관념으로 가득 찬 고전문학과 현대판 '유머'를 통해 조용히, 그러나 지속적으로 재생산되고 있다.

170

랍비 캐츠는 여전히 계속되고 있는 유대인에 대한 혐오와 편견의 예로 주위에서 겪은 웃지 못할 이야기 하나를 들려주었다. 한 친구의 딸이 유대인이 많지 않은 지역의 기숙학교를 가게 되었다. 어느 날 기숙사에서 깊은 잠에 빠져 있던 그녀는 누군가 자신의 이마를 만지고 있는 것을 느끼고 소스라치게 놀라 깨어났다. 그녀의 머리를 만진 사람은 같은 방을 쓰는 친구였다. 친구는 자신의 행동에 대해 사과하며 이렇게 말했다.

"미안해. 어렸을 때 유대인들은 뿔이 있다는 이야기를 들은 적이 있어서 혹시나 하고 만져본 거야."

딸은 장난기가 발동했다. 그녀는 어린 시절 넘어져서 생긴 머리 위쪽의 상처를 보여주며 이렇게 말했다고 한다.

"응, 여기에 커다란 뿔이 있었는데 이곳에 오기 전에 병원에서 떼어버렸어."

가을에 연하장을 보내는 사람들

미키마우스, 마이클 무어를 삼키다

언론의 자유는 민주주의를 보장하는가? 많은 사람들이 그렇다고 대답할 것이다. 그러나 이 질문에 확고한 답을 내놓기에 앞서 한 가지 질문을 추가해야 한다. 여기서 '언론' 이 무엇을 의미하느냐는 것이다.

만일 이것이 국민들이 마음 놓고 생각하는 바를 표현할 수 있도록 하는 것이라면 앞의 질문에 마땅히 '그렇다' 고 답해야 한다. 그러나 만일 이 '언론' 이 '언론사' 혹은 '언론기업' 을 말하는 것이라면, 대답에 앞서 잠시 생각할 시간을 가져야 한다. 인류 역사상 언론사가 오늘날과 같은 영향력을 가진 적이 없었음에도 불구하고 이 시점에서 '민주주의의 몰

172

락' 을 고민하는 언론학자들의 수는 오히려 늘어가고 있기 때문이다.

사회학자 로버트 퍼트넘에 따르면, 미디어의 영향력이 강화되기 시작한 지난 30년 동안 미국의 민주주의는 오히려 쇠퇴의 길을 걸어왔다. 민주주의를 유지하고 발전시키는 데 있어서 가장 중요한 조건은 사회 공적인 문제에 대한 시민들의 인식과 참여다. 그러나 대중매체는 휴식이나 오락에 치중함으로써 시민들을 사회적 이슈로부터 고립시켜 왔다는 것이다.

여기서 '오락' 이란 흥미위주의 드라마나 쇼 프로그램만을 의미하지 않는다. 사회문제를 다루는 보도 프로그램조차 '쇼' 의 한 형태로 오락화하고 있으며, 뉴스는 '골치 아픈' 소식보다는 가벼운 내용을 사람들의 통념에 부합하는 방식으로 전달하는 것에 그치고 있다.

돈 있는 자를 화나게 하지 말라

그렇다면 미디어는 왜 무거운 사회적 이슈보다는 가벼운 오락을 다루기를 좋아하는 것일까? 돈 때문이다. "돈을 벌려면 돈 많은 사람을 화나게 하지 말라" 는 말에는 오늘날 상업미디어 운영방식의 핵심이 담겨있다. 언론학자인 로버트 맥체스니는 '언론의 자유' 와 '언론기업의 영업활동의 자유' 를 엄격히 구분해야 한다고 경고한다. 오늘날 언론계를 지배하고 있는 상업언론사들은 '이윤극대화의 자유' 를 추구하는 가운데 광고주들의 입맛에 맞는 '팔릴 만한' 기사와 프로그램을 생산하고 있기

173

때문이다. 그들은 국민들의 알 권리를 위해서가 아니라 광고를 팔기 위해 기사를 쓰고 프로그램을 만든다.

그들은 호의적인 보도로 광고주를 모시는 것에 만족하지 않는다. 그들은 스스로 광고주가 되기를 소망한다. 신문사가 일간지뿐 아니라 잡지와 텔레비전도 함께 소유하려고 애쓰는 이유가 여기에 있다.

그들은 자신들이 발행하는 신문에 자신들의 주간지 광고를 싣고 싶어하고, 자신들이 방송하는 드라마 주연배우를 그 잡지 표지모델로 싣기를 소망하며, 그 드라마에 호의적인 '평론 기사'를 일간지에 싣기를 꿈꾼다. 물론, 그 드라마에 계열 기업이 생산하는 상품을 '협찬' 받을 수 있다면 금상첨화일 것이다.

미키마우스, 마이클 무어를 삼키다

'언론재벌의 영업활동의 자유'가 최대한 보장받는 '언론사의 낙원'이 있다면 바로 미국일 것이다. 예를 들어보자. 미키마우스로 유명한 월트 디즈니사는 영화제작사와 놀이공원, 팬시상품 체인점, 텔레비전 네트워크(ABC), 케이블방송, 라디오, 음반, 출판, 잡지, 신문 등을 가지고 있다. 이들은 테마공원의 놀이시설을 배경으로 한 영화, 예컨대 〈헌티드 맨션〉과 〈캐리비안의 해적〉 등을 제작하고 영화가 개봉하기 몇 달 전부터 자신들의 텔레비전에 '특집보도'로 영화 소식을 다룬다. 캐릭터 상품과 영화 사운드트랙 음반 그리고 관련 서적들은 계열사 잡지와 일간

174

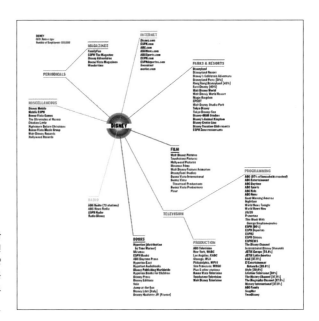

■ 월트디즈니사의 미디어 계열사
들. 언론의 교차소유 허용은 민
주사회에 필요한 언론의 다양
성을 저해하는 것은 물론, 언론
을 특정 기업의 홍보수단으로
전락시키는 결과를 낳는다.

지에 '특집기사'로 소개된다. 이 보도, 아니 광고를 접한 독자와 시청자
들은 다시 쇼핑몰과 놀이공원으로 몰려들 것이다.

언론매체를 소유한 기업들은 다양한 미디어를 통해 자사 관련 기업과
상품을 효율적으로 홍보할 뿐 아니라 자사에 불리한 소식을 적극적으
로 차단한다. 예컨대 디즈니 캐릭터 상품이 저개발국의 '노동 착취 공
장'을 통해서 생산되고 있다는 소식이 전해졌을 때에도 계열방송사인
ABC 방송은 이에 대해 침묵했다. 디즈니 소유 일간지와 잡지 역시 예외
가 아니었다.

또한 디즈니사는 부당한 '정치행위'로 물의를 일으키기도 했다. 부

175

■ 마이클 무어의 〈화씨 9/11〉 포스터. 부시 대통령을 지지하는 월트디즈니사의 방해로 배급에 어려움을 겪었다. 이 다큐멘터리는 미국 상영을 위해 캐나다의 배급사를 찾는 우여곡절을 겪었다.

시 측근에 막대한 자금을 제공했던 디즈니사가 현 미국 행정부에 비판적인 메시지를 담은 마이클 무어의 2004년 다큐멘터리 〈화씨 9/11〉 개봉을 적극적으로 막고 나선 것이다. 디즈니는 계열사인 미라맥스에 그 다큐멘터리를 배급하지 말라는 압력을 넣었고, 무어는 결국 개봉을 위해 캐나다의 배급사를 찾아야만 했다.

미디어의 다각적 지배는 비단 디즈니만의 문제가 아니다. 미국의 주요 방송(NBC, CBS, ABC, FOX, WB, UPN) 모두 미디어재벌 소유로, 이들은 전국에 수십 개에서 수백 개의 신문과 잡지, 라디오, 출판, 영화는 물론

나는 스타벅스에서 불온한 상상을 한다

전기, 정유, 심지어 무기제조 공장까지 가지고 있다.

이러한 미디어기업들은 보수 정치권력에 막대한 정치자금을 제공하는 대가로 소유구조의 탈규제를 요구하고 있다. 이들의 요구에 부응한 정치인들이 미디어의 호의적인 보도 세례를 받는 것은 물론이다. 이렇게 해서 선거에서 성공한 정치인들은 다시 '상업언론사의 자유'를 위해 각종 규제 철폐에 앞장서고 있다.

시청률을 위한 '발바닥 핥기'

미국에 펼쳐지고 있는 이 언론사의 낙원은 한국 상업언론이 군침을 삼키기에 충분하다. 이들이 한목소리로 "신문과 방송 겸영 허용" 혹은 "공영방송의 민영화"를 주문처럼 외워대는 데에는 다 이유가 있는 것이다. 그러나 과연 이 '상업언론의 낙원'이 '방송의 주인'이라 일컬어지는 국민들에게도 낙원을 제공하고 있을까? 판단에 앞서 잠시 텔레비전 주 시청 시간대의 미국 안방을 들여다보기로 하자.

미국 동부와 중부 시간으로 온 가족이 하루 일과를 마치고 돌아와 식사를 마친 뒤 텔레비전 앞에 모여 있는 저녁시간대. 몇 년 전부터 미국에서 가장 높은 시청률을 자랑하는, 따라서 가장 막대한 광고 수입을 올리고 있는 방송사의 프로그램으로 채널이 맞춰진다. 한 사내가 카메라를 향해 웃으며 주머니에서 무엇인가를 꺼내든다. 그의 손에 지폐 몇 장이 들려있다.

177

이제 카메라가 분주한 시내의 거리를 비춘다. 함께 길을 걷는 남녀 한 쌍이 보인다. 조금 전 지갑을 자랑했던 사내가 카메라를 향해 윙크를 한 뒤 연인에게 다가선다. 사내가 여자에게 묻는다.

"20달러를 줄 테니 남자 친구 발가락 좀 핥아 볼래요?"

여자가 난처한 표정을 지으며 남자와 상의를 한다. 좀 망설이는 표정을 짓다가 고개를 가로젓는다. 사내가 웃으며 20달러짜리 지폐를 하나 더 꺼내든다. 그 다음 장면. 여자가 남자 친구의 신발과 양말을 벗기고 발가락을 핥는다. 사회자는 익살스러운 표정으로 카메라를 쳐다본다. 돈을 받아 쥔 커플은 카메라를 향해 손을 흔들고는 계속해서 길을 간다.

텔레비전 프로그램, 광고를 팔기 위한 광고

위의 오락 프로그램을 만든 폭스는 최근 미국의 방송가를 점령한 '리얼리티 쇼'의 유행을 선도하기도 했다. 이 방송 네트워크에서 제작 방송한 〈백만장자 조〉는 극단적인 선정성과 상업주의로 비판받았지만 최고의 시청률을 기록했으며, 후발주자였던 그 채널이 '일등방송'으로 부상하는 데 혁혁한 공을 세웠다. 이 프로그램은 한 평범한 사내가 백만장자라고 속인 뒤 10여 명의 여자를 저택에 초대해서 한 명 한 명 사귀어 가며 '사랑'을 찾는 과정을 '실제로' 보여주는 프로그램이다. 미디

178

■ 폭스의 효자 프로그램 〈백만장자
조〉의 출연자들. 후발주자였던 보
수 방송사인 폭스는 선정적인 프
로그램을 방영하면서 순식간에
가장 많은 시청자를 가진 방송으
로 부상했다.

어재벌 루퍼트 머독 소유의 이 방송사는 사주의 보수적인 이데올로기
를 충실하게 반영하는 것으로도 잘 알려져 있다.

폭스방송의 뉴스 프로그램들은 부시와 이라크전쟁을 공공연하게 지지
하는 발언으로 물의를 빚었다. 2008년 6월 폭스방송의 한 '뉴스쇼' 고
정출연자는 방송 도중 "북한의 김정일이 오바마를 지지한다"고 주장하
기도 했다. (2004년 대선 당시 이 방송은 존 케리가 김정일의 총애를 받는다고
주장해 구설수에 오른 바 있다.)

애초에 공영방송으로부터 시작한 영국, 캐나다, 일본 등과는 달리 미국
의 방송은 광고주가 직접 프로그램을 생산한 뒤 방송시간을 사는 '스폰
서' 방식으로 시작했다. 텔레비전 프로그램의 처음과 끝은 물론, 드라

179

마 속 인물이 연기 도중 '스폰서' 회사의 제품광고를 하는 것은 아주 흔한 일이었다. 프로그램이 곧 광고를 팔기 위한 또 다른 광고였던 셈이다. 영화 〈트루먼 쇼〉에 등장하는 상업미디어의 세계는 허구가 아니라 미국 텔레비전의 역사의 일부였다.

1950년대에 방송된 프로그램 〈번스와 앨런 쇼〉를 한번 예로 들어보자. 이 코미디 프로그램은 커피크림을 만드는 카네이션이라는 회사가 제작해 CBS에서 방송시간을 구입해 방송한 것이다. 초기 화면에서 '카네이션 밀크' 라는 광고가 나오는 것은 물론이고 방송 도중에 이런 대사도 등장한다.

"아, 카네이션 커피크림 기가 막히게 좋지 않아요? 다만 궁금한 것은 어떻게 이 좋은 커피크림을 카네이션 꽃에서 짜낼 수 있느냐는 거예요. …… (꽃병에 꽂혀있는 꽃다발을 바라보며) 이 꽃이 카네이션이라는 게 얼마나 좋아요? 지금 이 꽃들을 냉장고에 넣어 두었다가 커피크림을 짜려고 해요."

이 프로그램이 미국의 전파를 탄 것은 이미 50년 전의 일이지만 오늘날 민영방송 역시 이에 뒤지지 않는 상업성을 자랑한다. 미국의 상업방송은 프로그램과 프로그램 사이만이 아니라, 프로그램 도중에도 흥미로운 순간이 나올 때마다 여지없이 방영을 중단하고 광고방송을 내보낸다. 그것도 부족해서 출연자의 옷, 음료수, 신발, 자동차 등을 이용한 간

180

접광고^{PPL}도 적지 않다.

NBC가 2003년에 방송을 시작한 리얼리티 쇼 〈레스토랑〉은 단 한 푼의 제작비도 들이지 않고 모든 비용을 간접광고로 충당하겠다는 야심찬 기획으로 이름을 날렸다. 하지만 어쩌겠는가. 상업방송의 목적 자체가 광고를 보여주기 위해서, 그리고 시청자를 소비자로 탈바꿈시키기 위해 존재하는 것을.

공영방송 공격에 나선 보수 정치세력

흥미롭게도 미국의 보수 정치인들도 미국의 미디어를 말하면서 '좌파'라는 단어를 자주 사용한다. 보수화되고 상업화된 미국의 방송조차 좌파로 보이는 사람들에게 객관적인 시각을 견지하는 공영방송 프로그램이 좌파로 보이는 것은 당연하다. 이들은 세금과 국민들의 자발적 찬조금으로 운영되는 공영방송 PBS의 '공영^{public}'을 '빨갱이^{pinko}'로 바꾸어 부르며 비난하기도 한다.

PBS는 상업주의의 파도가 거센 미국 방송체제 속에서 작지만 분명한 공익의 목소리를 내고 있는 유일한 방송이다. 〈세서미 스트리트〉〈일렉트릭 컴퍼니〉〈아서〉〈클리포드〉〈공룡 바니〉〈용 이야기〉 등 아동용 프로그램과 〈프론트라인〉 등의 시사 프로그램은 미국을 포함해 전 세계 시청자들의 마음을 사로잡고 있다.

PBS는 상업방송의 폐해가 극대화된 1950년대에 설립됐다. 그 시절, 막

181

■ 미국의 공영방송 PBS의 홈페이지. PBS는 상업방송과 차별화된 프로그램으로 미국인들의 신뢰를 받고 있으나, 보수 정치세력들이 지속적으로 재정을 삭감하려는 움직임을 보여 왔다.

대한 상금을 걸고 진행되던 상업방송의 퀴즈쇼가 사실은 모두 각본대로 움직인, 말 그대로 '쇼'였다는 사실이 폭로되었다. 이 사건의 파장은 연방수사국[FBI]까지 나서면서 일파만파로 커졌고 상업방송의 사회적 폐해에 대한 위기의식이 고조됐다.

'퀴즈쇼 사건' 이후 광고주들이 프로그램을 제작하는 방식이 문제점으로 지적되었다. 방송의 공익성을 보장하는 방안에 대한 논의도 활성화되었다. 그 노력의 결실로 나타난 것이 상업권력과 정치권력 모두로부터 자유로운 공영방송의 설립이다. 비록 미국의 공영방송은 다른 나라

나는 스타벅스에서 불온한 상상을 한다

보다 늦게 설립됐지만 고급 교양프로그램과 객관적인 보도로 방송에 대한 국민들의 인식을 바꾸는 데 크게 기여했다.

PBS에 대한 국민들의 신뢰는 여론조사에도 그대로 드러난다. 올해 여론조사에서 미국인들 90퍼센트 이상이 PBS가 "고급 프로그램을 방송하고 있다"고 믿고 있으며, 보도의 신뢰도와 객관성 면에서는 민영 상업방송의 2배가 넘는 점수를 받으며 1위를 차지했다. 그럼에도 불구하고 보수 정치인들과 기업가들은 이 방송이 "좌파 이데올로기에 치우쳐 국민들을 호도하고 있다"고 비난하며 계속해서 공영방송 운영자금을 축소하려는 움직임을 보이고 있다.

공영방송의 앞날

한국의 공영방송과 마찬가지로 미국의 공영방송은 두 가지 위협에 직면해 있다. 하나는 상업주의이고 다른 하나는 정치권력의 개입이다. 미국 공영방송은 충분한 재원 조달이 어려운 상황에서 기업찬조금 비율을 높이는 고육지책을 쓰고 있다.

미국 공영방송은 광고를 하지 않는 대신 찬조금을 낸 기업을 프로그램 앞에 간단히 소개하는 방식을 채택하고 있다. 그러나 이 방식은 공영방송이 프로그램을 제작하고 방송하는 데 있어 해당 기업의 눈치를 보지 않을 수 없다는 문제가 있다. 게다가 찬조금에 대한 대가로 광고에 가까운 방식의 '소개'를 요구하는 기업들도 늘어나고 있는 상황이다.

183

이처럼 상업화의 위협과 보수 정치권의 공영방송 죽이기로 사면초가에 몰려 있는 것이 미국 공영방송의 현실이다. 미디어학자 맥체스니는 정치권력보다 상업권력이 현대 민주주의를 더 크게 위협한다고 말한다. 민주 사회에서 정부가 언론을 통제하는 것은 쉽게 드러나지만, 기업이 광고를 통해 시도하는 언론통제는 쉽게 눈에 띄지 않기 때문이다.

공영방송이 당당히 제 목소리를 내기 위해 가장 중요한 조건은 상업권력에 의존하지 않는 독립적인 재원 마련이다. 미국처럼 공영방송이 정부 예산과 기업 찬조금에 의존하는 상황에서는 방송의 독립성이 지켜지기 어렵다. 정치인들은 자신들의 이해관계에 따라 공영방송의 예산을 줄일 수 있으며, 기업들은 찬조금을 미끼로 자신들에 대한 비판을 차단할 수 있기 때문이다.

유럽의 많은 나라들이 국민들로부터 직접 수신료를 받는 이유는 정치권력과 상업권력의 두 가지 위험을 피하기 위한 것이다. 그러나 '공짜' 상업방송에 길들여진 미국 사회가 수신료를 통한 재원 마련 방식을 도입하는 것은 쉽지 않은 상황이다. 이러는 동안 '언론사의 자유'가 파괴하는 국민들의 '언론의 자유'를 걱정하는 목소리가 높아지고 있다. 미국의 상업방송은 '세상에 공짜란 없다'는 사실을 톡톡히 일깨워주고 있다.

나는 스타벅스에서 불온한 상상을 한다

정치는
신의
뜻대로?

"저는 신의 계시를 받았습니다. 저는 믿습니다. 신께서 나의 대통령 출마를 원한다는 사실을." (조지 부시, 2000년 9월 선거 전 월간 〈조지〉와의 인터뷰에서)

신의 뜻을 발견하는 것은 누구에게나 어려운 일이다. 아무리 잘 훈련받은 기독교인이라도 교회 문을 밀고 나서자마자 밀려오는 구체적이고 자질구레한 현실적 문제에 대해 신앙적 해결책을 찾기는 쉽지 않다.
지금 교제하고 있는 사람이 과연 '신이 예비하신' 짝인지, 내가 즐기는 대중음악이나 텔레비전 프로그램이 신이 보시기에도 적합한 것인지,

185

그리고 정치 후보 가운데 누구에게 표를 던지는 것이 신의 뜻에 가까운지 등 기독교인이 일상에서 선택해야 하는 문제들에는 끝이 없다. 신이 주신 보편적 진리의 말씀은 신이 인간에게 허락한 또 다른 은혜, 즉 자유의지를 통한 선택의 과정을 거쳐 삶 속에서 구현되어야 하기 때문이다.

'캐딜락 사나이'와 이라크전쟁

거의 평생을 기독교인으로 지내온 청년들이 '일상에서 발견하는 신의 뜻'이라는 주제로 성경학습토론을 열었다. 이들은 일주일에 한 번씩 매디슨 시내의 교회에 모여 성경에 관한 여러 가지 이슈들을 두고 대화를 나눈다. 먼저 목사의 아들로 공대 박사과정에 재학 중인 브래드가 입을 열었다. 그의 말에 따르면 자신의 교회에 속한 여학생 하나가 사귀고 있던 남자와의 절교를 선언하면서 이렇게 말했다는 것이다.

"신은 내가 너와 사귀는 것을 원치 않으시는 것 같아."

이 말을 들은 남자 친구는 당황했다. 남자는 그 여자야말로 신이 정해주신 짝이라는 확신을 가지고 있었기 때문이다. 또 다른 청년이 먼 친척으로부터 들은 이야기를 소개했다. 대학을 졸업한 뒤 직장에 다니고 있던 한 사내가 언제부턴가 하나님이 자신을 향해 이렇게 말하는 것을 듣기 시작했다는 것이다.

186

■ 미국 교회의 종탑. 부시 집권 이후 정교분리는 미국 정치의 새로운 논쟁거리가 되었다.

"금색 캐딜락을 사라."

그곳에 모여 있던 모든 사람들이 폭소를 터뜨렸다. 참석자들의 입가에서 웃음이 잦아들기 시작했을 때 주인공 사내가 결국 집을 팔아 '신의 뜻'을 수행했다는 사실이 전해졌고, 좌중은 또다시 떠나갈듯이 웃었다. 함께 웃고 있던 내 머리 속에 불현듯 이런 생각이 떠올랐다. '왜 우리는 이 시점에서 웃음을 터뜨리는가? 우리는 왜 '캐딜락 사나이'의 종교적 체험이 지닌 진정성을 이처럼 간단히 무시하는 것일까? 우리는 어떤 근거로 그의 체험이 온전한 신의 뜻이 아니라고 단정하는 것일까?

잘은 모르겠으나 그 자리에서 웃음을 터뜨린 모든 사람들이 부시가 자신의 출마를 '신의 뜻'이라고 말했을 때 동일한 반응을 보이지는 않았을 것이다. 그가 대통령이 되어 '테러와의 전쟁'을 선포한 뒤 미국의 이라크 공격이 '신의 뜻'이라고 말했을 때에도 유사한 반응을 보이지는 않았을 터이다. 그러나 왜 우리는 '금색 캐딜락'에 가서는 그리 쉽게 웃음을 터뜨리는 것일까?

내가 이야기 할 순서가 되었고, 나는 당시 머릿속에 떠올랐던 생각을 이야기했다. 내 판단력으로는 부시가 받은 '계시'와 캐딜락 사내가 받은 '계시' 사이의 차이를 그리 간단하게 규명해낼 수 없었다. 부시의 체험이 존중할 만하다면 캐딜락 사내의 경험에도 동일한 '위엄'이 주어져야 하며, 그 사내의 발언이 정신병원 신세를 져야 하는 것으로 보인다면 대통령의 발언에도 그만한 회의가 따라야 하는 것이 아닌가 싶었다.

188

캐딜락 사내는 자신의 주머니 이외에는 아무에게도 피해를 끼치지 않은 반면 부시의 전쟁 결정은 무수히 많은 사람들의 목숨과 재산을 담보로 한 것이었음을 기억할 필요가 있다. 부시 대통령의 '신앙적 결정'은 현대 민주주의 사회에서 종교가 갖는 역할에 대해서 생각해 볼 소중한 기회를 제공한다. 미국과 한국, 양국 모두에서 기독교인의 정치적 영향력이 점차 확대되어 가고 있다는 점에서도 이 문제는 중요한 사회적 의제일 수밖에 없다.

미국의 정치와 정교분리

민주주의 역사는 권력을 독점하던 소수의 정치세력으로부터 일반시민들이 주권을 되찾는 과정으로 설명할 수 있다. 그리고 여기서 정치권력을 독점하던 소수의 계층은 흔히 '혈통'과 '신'을 권력독점의 기반으로 삼았다. '신의 뜻'에 따라서 나라를 다스린다고 주장하던 중세 교회의 권력남용과 부패를 현대인들, 그 중에서도 기독교인들은 잘 알고 있을 것이다.

'신정국神政國, theocracy'을 내세운 종교·정치권력에 대항해 개혁을 부르짖은 것이 개신교Protestantism의 모태가 되었다. 당시 종교지도자들은 자신들이 원하는 방식으로 성경을 해석함으로써 '신의 뜻'을 자신의 이해관계와 결부시켰고, 이를 통해 재산과 권력을 불리고 반대파들을 무자비하게 처단했다.

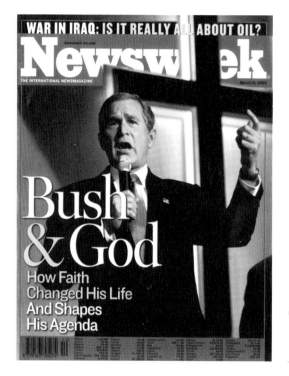

■ 정치와 종교를 구분하지 않는 부시 대통령의 태도는 많은 우려를 낳고 있다. 사진은 부시의 '종교정치'를 표지기사로 다룬 〈뉴스위크〉.

종교개혁을 이끈 마르틴 루터가 내세웠던 가장 중요한 명제는 "성경을 신의 계시를 말하는 유일한 근거로 사용하라 The Bible as the sole source of revelation"는 것이었다. 그것은 교계가 '신의 뜻'을 멋대로 사용해온 것에 대한 경고였다.

이로부터 500년이 지난 현재 미국에서 다시 신정국 논란이 되풀이 되고 있다. 미국의 역대 대통령이 '신의 축복'을 말하는 것은 언제나 있어온 일이다. 그러나 자신의 대통령 출마가 신의 뜻에 따른 것이라든가, 이라

나는 스타벅스에서 불온한 상상을 한다

크 파병이 신이 원하는 것이라고 말하는 등 정치와 종교를 분리하지 않는 부시 대통령의 발언은 미국 정치사에서도 드문 사례다.

종교화한 정치, 정치화한 종교

잘 알려져 있듯이 부시 대통령은 스스로를 '거듭난 자bom-again'로 칭하는 복음주의 기독교인이다. 물론 그의 신앙에 대해서 모두가 동의하는 것은 아니다. '성경을 계시의 유일한 수단'으로 사용해야 한다고 믿는 신학적으로 엄격한 교파에서는 자신의 결정에 늘 '신의 뜻'을 입에 달고 사는 그의 '분방한 해석'에 우려를 표하기도 한다.

지난 2000년 대선 당시 무소속 후보였던 랄프 네이더는 전쟁 결정시 국민의 뜻이 아니라 '신의 뜻'을 말한 부시 대통령의 발언은 명백히 위헌으로 탄핵의 대상이라고 말했다. 미국의 수정헌법 제1조와 연관되어 '정교분리'는 미국의 정치사에서 오랜 논란의 대상이었지만 논쟁과 무관하게 기독교는 미국의 정치에 지속적으로 영향력을 행사해왔다.

실제로 지난 2004년 대선에서 종교는 후보 선택에 지대한 영향을 미친 것으로 드러났다. 종교를 갖지 않은 사람들과 유대인들이 민주당 후보를 더 많이 지지한 것과 달리 천주교를 포함한 기독교인 다수가 공화당의 부시를 지지했다. 복음주의 기독교도들은 거의 80퍼센트가 재선에 나선 부시에게 표를 던진 것으로 밝혀졌다.

미국 기독교인들은 평균적인 미국인들보다 전쟁에 더 큰 지지를 보내

191

■ 이라크 전쟁에서 사망한 군인들의 사진으로 만든 부시의 몽타주. 미국의 이라크 침공 이후 4000명이 넘는 미국 청년들이 시신으로 돌아왔다.

고, 미국의 군사력 확대를 더 선호하며, 환경보호정책에 소극적인 반응을 보이는 등 비종교적 부분까지도 우익 정치인들과 성향을 같이 하는 것으로 조사되고 있다. 복음주의 기독교 지도자이며 미국 기독교방송 CBN의 설립자이자 회장인 팻 로버트슨은 '신의 이름'으로 사회개혁운동을 저주하는 것으로 유명하다.

로버트슨의 주장에 따르면 페미니즘은 "사회주의적이고 반가족적인 정치운동으로, 여자들을 가정파괴범, 자식살해범, 마녀, 자본주의 전복세력으로 만들고, 궁극적으로는 동성애자가 되게 한다." 그는 더 나아가 9·11 테러가 동성애자들과 여권 옹호자 그리고 사회개혁 시민단체들에 의해서 저질러졌다는 발언까지 서슴지 않았다.

로버트슨은 한때 공화당 대통령 후보에 도전하기도 했으며 2004년 부시의 재선에도 큰 영향을 미쳤다. 부시와 같은 복음주의 기독교인이지만 그는 이라크전쟁에 대해서는 신으로부터 조금 다른 '계시'를 받았다. 부시가 큰 희생자 없이 전쟁을 치를 수 있다고 믿었던 반면, 로버트슨은 "이번 전쟁이 골치 아파질 것"이라는 신의 음성을 들었다는 것이다.

'신앙의 희생양' 미국 민주주의

〈뉴욕타임스〉의 칼럼니스트인 모린 다우드는 이처럼 정치와 종교가 뒤섞이는 상황에 대해서 심각한 우려를 표했다. 그녀는 '신앙의 희생자'라는 기고문에서 합리적인 판단의 결과여야 할 정치적 결정과정이

193

'기적'을 소리 높여 외치는 종교행사의 일부가 되어버렸다고 말한다.

"미국의 운명은 이제 종교적 기적에 의존하게 되었다. 전쟁의 합리적
인 근거가 얼마나 빈약하기에 대통령이 정당화로 제시하는 유일한 이
유가 '신이 원하신다고 믿기에'며, 이라크전쟁의 유일한 정책이 '기적
을 바라는 믿음' 뿐이란 말인가? '기적'은 부주의한 사람들을 더 부주
의하게 만들뿐이다. 신앙의 확신 속에 사는 사람들은 위험스러운 상황
이나 도덕적 회의 문제로 고민할 필요가 없기 때문이다. 예컨대 그들
은 미국 청년들을 보이지 않는 적들이 포진한 사막 한 가운데로 보내
는 문제를 두고 머리를 쥐어뜯을 필요가 없다. 설사 병사들이 적절한
지원이나 방어시설, 사태에 대한 합리적인 판단이나 문화 차이에 교육
도 없이 파병되는 경우라 하더라도 말이다. 대통령이 믿음 대신 냉철
한 현실에 주목했더라면 우리 군대가 적들의 손쉬운 표적이 될 것이라
는 사실을 알 수 있었을 것이다." (모린 다우드, '신앙의 희생자', 〈뉴욕타
임스〉, 2004년 10월 23일)

다우드는 '신앙'을 구실로 해서 이루어지는 비민주적 정책결정과정을
국민들이 '민주주의'로 착각하는 게 미국 사회의 문제라고 지적한다.
정작 자신들의 자식은 군대에 보내지 않은 사람들이 '신의 뜻대로' 파
병 결정을 내릴 때, 국민들은 합리적인 판단의 기회를 누리지 못하고
'할렐루야'를 외치며 자식을 전쟁터에 보내고 있다는 것이 다우드의

194

비판이다. 그렇게 해서 시신으로 돌아온 미국의 청년들은 2008년 중반까지 4000명이 넘는다.

샤머니즘적 기독교

기독교에서 문제가 되는 것은 정치적 합리성만이 아니다. 기독교는 본래의 정신을 잃고 '주는' 종교에서 '받는' 종교로 변해가고 있다. 그리고 이 현상은 미국보다 한국에서 특히 두드러지게 나타나고 있다. 한국에서 기독교는 물질적 축복을 얻기 위한 초자연적인 수단이 되었다.

역사학자인 매리 코너는 '복'에 집중하는 한국 교회의 물질적 집착을 샤머니즘 종교의 영향으로 파악한다. 그녀에 따르면, 기독교를 포함해 한국의 모든 종교는 '현세의 소원'을 비는 동일한 기능을 수행하고 있다는 것이다. 코너는 자신의 저서에서 이렇게 말한다.

> "과거의 한국인들은 무당을 통해 현세의 복을 얻고자 했다. 오늘날에는 보다 더 그럴듯하고, 효과적이고, 개화된 수단으로서 교회를 찾는다. 물론 목적은 동일하다. 무당을 불러 굿을 하는 사람이나 절을 찾는 불교신자나 교회에 나가는 기독교인들이나 모두 건강과 물질적 축복을 기원한다." (매리 코너, 『The Koreas』, ABC CLIO, 2002, 189쪽)

개개인이 누리는 '현세의 복'에 집중하는 한국 기독교의 물질주의 및

195

반사회성은 정착과정에서 정치적 보수성과 결합했고, 여기에 상하관계를 강조하는 유교적 위계성이 더해져 아주 독특한 기독교 문화를 낳았다. 신자들이 길거리에 나와 성조기를 흔들며 "미군이 가는 곳이라면 지옥도 마다하지 않는다"는 '반기독교적인' 구호를 외치기도 하고, 공금횡령 등의 실정법을 위반해 구속된 목사가 "빨갱이를 잡는 데 앞장섰으니 선처해 달라"는 요구를 하기도 한다. 일간지 〈토론토스타〉의 종교부장인 마이클 매커티어는 이 문제에 관해 다음과 같이 말한다.

"한국의 기독교는 신학적 보수성뿐 아니라 강한 반공주의 및 정치적 보수성과도 결합했다. 1970년대에 한국 천주교와 일부 개신교가 반민주적 정부와 맞서 싸우기도 했으나, 다수의 기독교 지도자들은 정부의 편에 서는 길을 택했다. 오늘날에도 교회 내에 개혁을 요구하는 소수의 사람들이 있어 인권유린과 반민주적 정치풍토에 반대하는 목소리를 높이기도 한다. 그러나 한국 교회 대다수의 관심사는 자신의 영향력을 유지하고 확대하는 데 있는 것으로 보인다. 그들에게 가장 중요한 문제는 어떻게 하면 초대형 건물을 짓고 교인 수를 늘리는가다."
(마이클 매커티어, '아시아에서 가장 기독교가 번성한 나라', 〈토론토스타〉, 1990년 4월 7일)

196

기독교와 민주주의, 양립할 수 있을까

그렇다면 기독교는 민주정치와 가장 멀리 있는 반민주적 신념체계일까. 역사는 기독교의 확산과 동시에 일어난 민주화의 사례 또한 기록하고 있다. 실제로 기독교는 많은 나라에서 민주주의를 앞당기는 산파의 역할을 했다. 신 앞에는 누구나 평등하다는 선언 때문이다. 게다가 기독교 특유의 '이타적 비합리성'은 민주 사회의 새로운 원동력이 될 가능성도 내포하고 있다.

"너의 재산을 팔아 가난한 사람에게 나누어 주라"거나 "원수를 사랑하라"는 성경 구절은 자신의 배를 먼저 채우고 이를 방해하는 자에게는 앙갚음하도록 프로그램 된 인간의 '이기적 합리성'과 정면으로 충돌한다. 남을 위해 헌신하라는 기독교의 가르침은 단순한 '정치적 올바름'과 비교할 수 없을 만큼 풍요로운 자산을 민주 사회에 제공할 수 있다.

그러나 안타깝게도 현재로서는 별로 그런 희망이 보이지 않는다. 일요일마다 교회 건물을 채우는 기독교인들이 베풂과 희생을 위해서가 아니라 축복과 명예를 위해 모이고 있기 때문이다. 배우자의 승진이나 자식의 명문대 입학을 위해서 교회에 모여드는 사람들, 그들이 지나온 길에는 굶주린 노숙자들이 주목받지 못한 채 앉아 있는 것이 현실이다.

그러나 이보다 큰 문제는 교회가 자신을 향한 정당한 비판과 요구마저 '기독교 탄압'으로 받아들이고 있다는 사실이다. 자정능력을 잃고 외부로부터의 비판마저 불온시하는 교회로부터 희망을 찾기는 어렵다. **197**

교회가 자신의 주머니를 털어 소외받는 사람들을 향해 손을 내미는 '이타적 비합리성'의 도구가 될 것인가, 아니면 계속해서 남의 것을 털어 자신의 주머니를 채우는 '이익집단'으로 남을 것인가는 교인 개개인에게 달려있다.

이것은 기독교가 마르틴 루터가 요구하던 대로 개혁의 주체가 될 것인지, 아니면 개혁의 대상으로 전락할 것인지를 묻는 질문이기도 하다.

다문화로
요리된
미국 음식들

영미 속담에 "취향은 설명할 수 없다There is no accounting for taste"는 말이 있다. 사람이 좋아하고 싫어하는 것에 무슨 논리적인 이유를 댈 수 있느냐는 것이다. 그러나 사람들의 기호가 사회문화적 진공에서 오는 것이 아니라면 취향에는 반드시 사회적, 역사적 배경이 있기 마련이다. 음식도 예외가 아니다.

미국의 북부에서 주간고속도로를 따라 남쪽으로 내려가다 보면 도로 주위에 KFC 체인점이 하나둘 늘어가는 것을 보게 된다. 그러다가 루이지애나 근처로 들어서면 그 식당들은 서서히 파파이스 체인점으로 바뀌기 시작한다.

199

■ 텍사스 휴스턴의 파파이스 매장. 파파이스의 매운맛 치킨은 뉴올리언스 지방 특유의 음식문화를 반영하고 있다.

물론 KFC가 켄터키주에서 시작되었고, 파파이스가 루이지애나주의 뉴올리언스에 본사를 두고 있기 때문일 것이다. 그러나 이처럼 다른 식당의 분포는 무엇보다 지역마다 다른 입맛과 음식문화를 보여준다. 한국과는 달리 미국의 KFC는 2000년대 후반까지 매운맛 치킨을 팔지 않았다. 멕시코 음식과 아시아 음식의 보편화로 미국인들의 식성이 서서히 바뀌고 있지만 매운 음식은 여전히 미국인들의 보편적 입맛에 속하지 않았기 때문이다.

나는 스타벅스에서 불온한 상상을 한다

반면에 파파이스는 오래전부터 매운맛 치킨을 주 메뉴로 삼고 있었는데, 이는 강한 양념을 좋아하는 루이지애나 특유의 '케이준^{Cajun} 요리'의 특징이다.

한국에서는 이러한 차이가 허물어져 버려 오래전부터 두 곳 모두에서 매운맛 치킨을 살 수 있었다. 매운 음식을 선호하는 한국인 취향을 고려한 마케팅 전략 때문이다. 이는 세계가 거시적으로는 획일화 되지만 동시에 지역적으로는 차별화 된다는 이른바 '세계 지역화^{glocalization}'의 예라 할 만하다.

비록 앞의 두 패스트푸드 체인이 서로 다른 입맛을 겨냥하고 있지만 모두 '튀긴 음식'이라는 점에서는 남부 특유의 음식문화를 공유하고 있다. 남부의 튀긴 음식 선호는 닭고기만이 아니다. 켄터키와 루이지애나 사이에 있는 테네시는 돼지갈비를 쪄서 양념을 발라 구운 '포크 립^{pork rib}'으로 유명한데, 이곳의 식당에서는 갈비와 함께 기름에 튀긴 빵을 함께 내놓는다. 이 빵은 '튀겼다'기보다는 '적셨다'고 할 만큼 기름을 흠뻑 머금고 있기 일쑤다.

'순대 소시지'와 '잠수함 샌드위치'

그러나 미국 남부에서 흔히 찾아볼 수 있는 KFC와 파파이스는 북부로 올라오면서 하나둘 맥도날드 속으로 자취를 감추기 시작한다. 일리노이를 지나 위스콘신에 도착하면 '브랏^{bratwurst}'이라는 독특한 음식이 기

201

다문화로 요리된 미국 음식들

다리고 있다. 순대와 소시지의 중간쯤 해당하는 이 음식은 독일계 이민자들이 개척한 위스콘신주의 역사를 보여준다.

이민자들의 가지고 온 독일 및 북유럽의 문화는 이 주의 건축양식과 교육방식뿐 아니라 음식에도 큰 영향을 미쳤다. 이들은 처음으로 미국에 유치원kindergarten 제도를 공교육에 편입시켰고, 대학교 식당에서 처음으로 맥주를 팔기 시작했으며, 매년 '브랏 페스티벌'을 열어 도시를 소시지 굽는 연기로 뒤덮기 시작했다.

햄버거의 역사에 대해서는 아직 의견이 분분하지만, 1885년 위스콘신주의 시모어 마을에서 독일계 이민자인 찰리 내그린이 처음 소개했다는 설이 가장 유력하다. 이 마을에서는 매년 햄버거 축제가 열린다.

처음으로 팝콘 튀기는 기계를 발명해 미국에 '팝콘 문화'를 소개한 일

나는 스타벅스에서 불온한 상상을 한다

■ 위스콘신주 '브랏 페스티벌'의 풍경. 자원봉사자
들이 소시지의 일종인 브랏을 굽고 있다. 브랏은
독일 이민자들에 의해서 미국 사회에 유입된 음식
이다.

리노이의 시카고를 지나, 팝콘용 옥수수의 본고장인 인디애나를 거쳐
펜실베이니아에 도착하면 미국에 '서브 샌드위치^{sub sandwich}'를 유행시
킨 필라델피아의 '필리 치즈스테이크^{Philly cheesesteak}'를 맛볼 수 있다. '서
브'란 이름은 잠수함^{submarine} 모양의 긴 타원형 빵을 쓴다는 데서 유래한
것으로, 네덜란드 이민자들이 가지고 온 프레첼과 함께 펜실베이니아
를 대표하는 음식으로 자리 잡았다.

이곳에서 조금 더 동쪽으로 가면 이탈리아 이민자들이 들여 온 피자의
본고장 뉴욕에 도달한다. 본래 피자는 이탈리아의 남부 도시 나폴리에
서 유래했지만, 미국에서는 제나로 롬바르디가 1905년 뉴욕에 처음으
로 피자 식당을 연 것이 시작이었다. 이제 피자는 미국을 대표하는 음식
으로 성장했다.

203

다문화로 요리된 미국 음식들

이보다 역사는 짧지만 피자에 관한 한 시카고의 자부심은 뉴욕에 뒤지지 않는다. 반죽 위에 얇은 치즈와 토핑을 얹은 뉴욕식과 달리 시카고식 피자는 깊은 접시모양으로 되어 있어 '딥디시 피자deep-dish pizza' 로 불린다. 사발 모양의 빵 위에는 손으로 들고 먹기 어려울 만큼 부드러운 치즈와 토핑이 잔뜩 담겨 있다.

매사추세츠, 메인, 코네티컷, 버몬트, 뉴햄프셔, 로드아일랜드로 구성된 뉴잉글랜드 지방은 추수감사절 요리로 대표되는 미국 전통음식의 원조라 할 만하다. 이 지역은 가재, 조개, 굴 등 풍부한 해산물을 사용한 수프와 육류를 활용한 스튜 등 물을 넣어 끓이는 요리가 특히 잘 발달되어 있다. 쇠고기와 감자, 당근, 양배추를 담백하게 삶아내는 '보일드 디너boiled dinner' 는 영국 음식의 전통을 계승한다.

'미국 음식'은 먹을 것이 없다?

미국을 방문한 사람들은 흔히 "미국 음식은 먹을 것이 없다"고 말한다. 물론 여기서 말하는 '미국 음식' 이란 햄버거나 피자를 지칭하는 것일 터이다. 그러나 이 평가는 여러 모로 부당하다. 이민자들로 구성된 미국 사회의 음식은 그 이민자들의 수만큼이나 다양하기 때문이다.

엄밀히 말해 '미국 음식' 이란 존재하지 않는다. 햄버거는 독일 이민자들이, 피자는 이탈리아 이민자들이 가지고 들어 온 '외국 음식' 이기 때문이다. 따라서 햄버거와 피자를 '미국 음식' 으로 부를 수 있다면, 미국에 존재하는 멕시코, 그리스, 쿠바, 아프리카, 중국, 일본, 한국, 태국, 베트남 음식까지 그 목록에 포함시켜야 한다. 각 나라에서 건너 온 이민자들은 엄연히 미국 사회의 구성원으로 살고 있으며, 그들이 가지고 온 음식은 그 사회의 입맛에 맞게 서서히 '미국화' 하고 있기 때문이다.

지금도 미국의 어느 지역에서 설탕을 듬뿍 넣은 김치찌개가 팔리고 있을 것이며, 생선을 뺀 초밥이 '캘리포니아 롤' 이라는 이름으로 대학 식당으로 배달되고 있을 것이다. 그들은 각기 '한식' 과 '일식' 이라는 이름으로 식당의 메뉴를 장식하겠지만 미국 사회의 식탁을 풍성하게 가꾸어 온 '미국 음식' 이기도 하다.

미국 음식의 다문화성은 '미국적 고유성' 을 많이 지닌 텍사스 서남부 지역의 음식도 예외가 아니다. '텍스 멕스 요리$^{\text{Tex-Mex cuisine}}$' 로 알려진 이 지방의 음식은 텍사스 지역에서 흔히 구할 수 있는 옥수수, 토마토, 칠리 고추, 얼룩콩 등의 재료를 멕시코식으로 조리한 것이기 때문이다. 쿠바, 자메이카, 바하마 제도 등 카리브해의 영향을 받은 플로리다 음식이나 중남미에서 아시아와 유럽 등의 영향을 받은 캘리포니아 음식은 두말할 나위 없다.

멕시코의 칠리와 부리토, 아시아의 볶음밥, 에그롤, 캘리포니아 롤, 지중해의 기로와 케밥처럼 미국 전역에서 볼 수 있게 된 외래 음식이 있는가 하면, 특정 지역에서만 명맥을 유지해 온 음식들도 있다. 루이지애나의 포보이$^{\text{po' boy}}$샌드위치나 크로피시^{crawfish} 튀김, 플로리다의 악어고기 스튜나 바비큐, 위스콘신의 피시보일$^{\text{fish boil}}$ 등이 대표적이다. 이 음식들은 고

다문화로 요리된 미국 음식들

■ 위스콘신 북부 도어카운티의 특산음식인 '피시보일'. 끓는 물과 소금만으로 요리하는 피시보일은 100여 년 전 스칸디나비아에서 건너온 이민자들에 의해 소개되었다. 요리를 마무리하기 전 연료를 부어 솥을 집채만한 불길에 잠기게 하는 것이 특징이다.

유의 재료와 조리 방법으로 각지에서 온 관광객들을 유혹한다.

위스콘신 북부 지방 도어카운티의 명물인 피시보일은 100여 년의 스칸디나비아 전통을 이어가고 있는 독특한 음식이다. 미시간 호수에 둘러싸인 이 반도지역은 스웨덴과 노르웨이 출신의 북유럽 이민자들에 의해 개척되었는데, 그들은 그 지역에서 쉽게 구할 수 있는 재료인 송어와 감자를 써서 이 음식을 만들었다. 먼저 장작불 위에 솥을 올려 물을 끓

나는 스타벅스에서 불온한 상상을 한다

이다가 야채를 넣어 익힌 다음, 큼직하게 썬 백송어를 야채 위에 올려 함께 끓인다. 조미료는 오직 소금만 쓰는데, 이것 역시 맛을 내기 위해서가 아니라 물 온도를 높이기 위해서다. 생선이 다 익을 무렵 요리사는 장작불 위에 기름을 끼얹어 집채만한 불길을 만든다. 불의 온도를 갑자기 높여 물을 끓어 넘치게 해서 생선에서 나온 기름과 불순물을 솥 밖으로 내보내려는 것이다. 피시보일은 야채와 함께 담겨 나오며, 보통 맥주와 곁들여 먹는다.

영국은 차, 미국은 커피

1773년 12월 16일 밤, 인디언 복장을 한 미국인 세 명이 보스턴 항에 정박 중이던 세 척의 영국 상선 위로 숨어 들어갔다. 그들은 배에 실려 있던 판매용 차 300여 상자를 들어 물속으로 던져버렸다. '보스턴 차 사건 Boston Tea Party'으로 알려진 이 일은 미국 독립전쟁의 시발점이 되었다.

의도하지 않게 '역사적 사건'이 되어버린 이 소동은 차 값이 오른 데 대한 항의 표시였다. 사건이 발생하기 전 영국 정부가 차 1파운드에 3펜스씩 세금을 매기는 '타운센드법'을 통과시켰기 때문이다. 영국에서 건너온 식민지 개척자들은 차 없이는 살 수 없는 사람들이었다.

인류의 역사는 차와 설탕, 후추로 인해 일어난 무수히 많은 전쟁을 기록하고 있다. 역사가 사람들의 입맛을 바꾸기도 하지만 입맛이 역사를 바꾸기도 한다. 영국과 싸우는 동안 미국인들은 영국을 통해 수입되는 차 **207**

■당시 영국 식민지였던 미국의 주민들은 영국에서 들여오는 물건에 부과된 높은 세금에 큰 불만을 품었다. 1773년 12월 16일, 일부 주민들이 미국 원주민으로 분장한 채, 영국 배에 올라 차 상자를 바다 속에 던져 넣었다. 그날 시위대와 영국 군들 사이에 있었던 우발적 충돌은 미국 독립운동의 도화선이 되었다.

의 소비를 거부했으며, 결국 영국인들과는 다른 입맛을 가지게 되었다. 미국은 전쟁에서 승리한 뒤 중국으로부터 직접 차를 수입하게 되었으나 이미 잃어버린 차 맛을 되찾을 수는 없었다. 미국인들이 차보다 커피를 즐기게 된 것은 이런 역사적 배경과 무관하지 않다.

우리가 길가에서 파는 음식 하나하나에서 문화와 역사를 발견할 수 있다면 그 음식을 입에 넣는 것은 시간과 공간을 가로지르는 즐거운 여행이 될 것이다. 포장마차의 붕어빵에서 학교 식당의 '함박스텍'에 이르기까지, 그 음식이 거쳐 온 다른 문화가 우리 삶을 얼마나 풍성하게 해

208

주었는지에 대해서도 생각할 여유를 갖게 될 것이다.

그러나 누구보다 이 문화적 다양성의 수혜자임을 깨달아야 할 대상이
있다면 바로 미국이다. 다문화의 혜택으로 풍요를 누려왔으면서도 점
차 배타적으로 바뀌어가는 미국 사회를 생각해볼 때 더욱 그렇다.

나문화로 요리된 미국 음식들

디카프리오는
왜
진보적일까

"위스콘신에 가 본 적 있으세요?"

"(당황하며) 아뇨."

"위스콘신의 겨울은 춥기로 유명하지요. 제 고향이 바로 그곳인데 어렸을 때 아버지와 위소타 호수로 얼음낚시를 하러 간 적이 있었어요. (상대의 표정을 살피며) 얼음낚시란 얼음 위에 구멍을 뚫어서 ……."

"얼음낚시가 뭔지는 나도 알아요!"

"미안해요. 그냥 …… 집 안에서만 지내는 분 같아서. 어쨌든 얼음낚시를 갔다가 얇은 얼음 밑으로 빠진 적이 있었는데 물속이 얼마나 차가운지 칼 수천 개로 온몸을 난자당하는 기분이었지요. 숨을 쉴 수도 없

210

었고 고통 이외에는 머릿속에 아무 생각도 떠올릴 수 없었어요. 당신이 물에 몸을 던지면 구하러 들어가기는 해야겠는데 그건 정말 내가 원하는 일이 아니지요."

영화 〈타이타닉〉에서 바다로 몸을 던지려는 로즈와 이를 말리려는 잭이 나눈 대화다. 그러나 잭은 결국 사랑하는 사람을 위해 '원하지 않던 방식'으로 최후를 맞아야 했다. 차가운 바다 속으로 사라진 그 비운의 '위스콘신 사나이', 레오나르도 디카프리오가 고향으로 되돌아왔다. 환경운동의 투사가 되어.

"저는 오늘 단순한 메시지 하나를 전하기 위해 이곳에 왔습니다. 저는 배우로서 이곳에 온 것도 아니고 과학자나 정치인으로 온 것도 아닙니다. 저는 근심스러운 국민의 한 사람으로서, 환경을 걱정하는 사람으로서 이 자리에 섰습니다."

2004년 가을, 매디슨시의 오르페움 극장 무대 위에서는 20대 청년 한 명이 객석을 향해 목소리를 높이고 있었다. 청중의 대부분은 그를 한번도 만나본 적이 없었으나 청년은 마치 오랜 친구처럼 친숙했다. 7년 전 바로 이 극장에서 청년은 사랑하는 여인을 구한 뒤 배와 더불어 운명을 함께하지 않았던가.

211

디카프리오는 왜 진보적일까

■2004년 미국 대통령 선거 당시 위스콘신을 방문한 레오나르도 디카프리오. '케리-에드워즈'가 새겨진 티셔츠를 보여주며 케리 후보에 대한 지지를 호소하고 있다.

"유권자들에게 영향을 미치는 수많은 쟁점이 있지만 그 가운데서 제가 가장 주목하는 부분이 있습니다. 바로 부시 행정부가 철저하게 파괴한 미국의 환경보호정책입니다. 부시 대통령은 바로 이곳 위스콘신을 방문한 자리에서 수자원 보호 예산을 1330만 달러 삭감하겠다고 밝혔습니다."

디카프리오가 관중을 향해 단추 풀린 셔츠를 열어 젖혔다. 그러자 흰 셔츠 위에 새긴 푸른 글자가 눈에 들어왔다. '케리-에드워즈'. 객석을 채운 청중들은 열광했다.

나는 스타벅스에서 불온한 상상을 한다

스타급 정치인, 정치인급 스타

선거운동에 있어 후보의 이미지는 대단히 중요한 요소다. 특히 후보들 간 정책 차이점을 발견하지 못하거나 관심 자체가 없는 유권자들에게 '막연한 호감'은 투표 행위를 결정짓는 주된 변수가 될 수 있다.

선거를 앞두고 후보들이 '스타급 정치인'은 물론 아예 '스타'들에게 지원을 요청하는 이유가 여기에 있다. 연예인들에 대한 대중들의 호감을 후보 자신들에게 전이해 보려는 것이다. 사소한 호감의 차이가 대선 결과 자체를 바꾸어 놓을 수도 있기 때문이다.

정치인들이 스타의 이미지를 원하기도 하지만 스타 스스로 정치화하기도 한다. 최근 들어 달라지기는 했으나 한국에서는 연예인들이 오랫동안 정치 수단으로 동원되어 왔다. 그러면서도 모순적으로 연예인 개인이 정치적 견해를 드러내는 것은 금기시되어 왔다. 그들에게 필요한 정치관은 '이용당하거나 아니면 침묵하라'는 것이었다.

이와 달리 미국의 연예인들은 오래전부터 스스로 정치적 목소리를 내면서 자신들과 생각이 같은 정치인들에 대해 공개적으로 지지를 표해왔다. 그들은 전쟁, 낙태, 동성애, 인종, 환경문제 같은 다양한 사회 쟁점에 대해 발언하며 자신들의 이상을 대변해줄 후보를 열정적으로 돕는다.

미국에서 문화예술인들의 정치 참여는 오랜 역사를 가지고 있다. 특히 2004년 대선은 '할리우드 정치'의 대표적인 사례로 기억될 만하다. 미국 대통령 선거가 할리우드 정치참여의 장이 된 까닭은 무엇일까. 〈피

213

츠버그 포스트 가제트〉는 9·11 테러 사건을 가장 큰 원인으로 보고 있다. 이 신문에 따르면, 테러 직후 영화계와 음악계는 부시 행정부를 폭넓게 지지했으나 미국 정부가 전쟁을 시작하면서 전통적으로 반전주의인 미국 문화계가 반발하기 시작했다는 것이다.

"9·11 테러 직후 많은 문화예술인들이(적어도 할리우드와 음악계는) 부시 행정부에 호감을 보였다. 영화예술아카데미 원장을 지낸 잭 밸런티는 할리우드가 대테러 전쟁을 후원하도록 하겠다고 약속했다. 또 '뉴욕을 위한 콘서트'에는 유명 음악가들과 영화배우들이 대거 참여했다. 그러나 부시 행정부에 대한 호감은 전쟁과 더불어 종말을 고했다." (매켄지 카픈터, '부시를 위한 문화예술인', 〈피츠버그 포스트 가제트〉, 2004년 9월 26일)

물론 부시를 지지하는 연예인들이 없지는 않다. 아놀드 슈워제네거, 멜 깁슨, 브루스 윌리스는 잘 알려진 부시의 후원자들이다. 그러나 이들의 수와 목소리는 민주당 지지 연예인들과는 비교가 되지 않는다. 맷 데이먼, 레오나르도 디카프리오, 헬렌 헌트, 기네스 펠트로, 나탈리 포트만, 빌리 크리스탈, 벤 에플렉, 마틴 쉰 같은 할리우드 스타를 비롯해 브루스 스프링스틴, 본 조비, 마돈나, 딕시 칙스, 토니 베넷, 셰릴 크로 등 쟁쟁한 음악가들이 민주당을 후원하고 있기 때문이다.

미국 연예인들은 왜 진보적인가

미국 문화예술인들의 진보 정치 성향에 대해서는 몇 가지 설명이 가능하다. 첫째는 '창의성'으로 대표되는 문화예술인들의 유연한 사고가 변화와 개혁을 선호한다는 분석이다. 아메리칸 대학의 정치학 교수 레너드 스타인혼에 따르면, 예술의 창의성은 필연적으로 유연한 사고와 자유로운 표현을 요구하고 이것이 진보 정신과 활발한 정치참여로 이어진다는 것이다.

둘째는 미국 문화계의 진보성이 보수적 견해를 위축시킨다는 관점이다. 즉, 할리우드 내에도 적지 않은 공화당 지지자들이 있지만 따돌림당할 것이 두려워 보수성을 드러내지 못한다는 것이다. 부시를 지지하는 코미디언 데니스 밀러는 영국 〈텔레그라프〉와의 2000년 8월 25일 인터뷰에서 다음과 같이 말했다.

> "내 생각에는 할리우드에 보수 정치의식을 지닌 사람들이 생각보다 많은 것 같다. 그러나 그들은 자신들의 보수성을 대놓고 드러내지는 못하는 것 같다. 그러다가 배역을 따내지 못하는 사태가 생길지 누가 알겠는가."

보수 성향의 정치인들은 당연히 할리우드의 진보성을 못마땅해한다. 이들은 흔히 '할리우드 정치'가 사람들의 태도를 바꾸는 데 아무런 효과가 없으며 설사 효과가 있다 하더라도 아주 미미할 것이라고 주장한다. 부시 체니 선거운동 대변인이었던 케빈 매든은 다음과 같이 '연예인정치 무용론'을 내놓는다.

"유권자들이 국가안보 같은 중대한 문제를 판단하는 데 연예인들에게 의존하리라고 생각하지 않는다. 유권자들을 대상으로 대규모 음악회를 10번 여는 것보다 자원봉사자 50명을 구해서 친구나 이웃에게 전화로 투표를 권하는 것이 더 효과적일 것이다." (〈피츠버그 포스트 가제트〉, 2004년 9월 26일)

그러나 결과는 이 같은 회의론과는 다른 방향으로 나타나고 있다. 연예인들은 전처럼 투표를 권유한 뒤 황급히 자리를 뜨지 않는다. 2004년 매디슨을 방문한 디카프리오와 스프링스틴은 행사를 마친 뒤 유권자들을 이끌고 투표소로 향했다. 덕분에 당시 매디슨의 부재자 투표율은 20퍼센트를 넘어섰다. 〈뉴욕타임스〉 역시 "연예인들의 열정적인 참여로 인해 '미국의 정치 지형'이 바뀌고 있다"고 보도했다. 연예인들의 정치 참여가 대중들의 정치적 무관심 해소에 기여하고 있는 것이다.

정 치 적   메 시 지   담 은   영 화 의   증 가

216 과거에는 할리우드 배우들의 개별적 진보성이 정치적 메시지를 담은

영화제작으로 이어지는 경우가 많지 않았다. 이는 할리우드의 영화 제작과 배급이 한 개인이 통제할 수 없는 복잡한 과정이기 때문이다. 돈을 벌지 못할 영화에 투자할 제작자는 없으며, 설사 우여곡절 끝에 제작했더라도 배급사를 찾지 못하면 상영이 불가능하다.

다수의 이익을 목표로 한 제작시스템은 탈정치적이거나 이데올로기적으로 보수적인 작품을 낳기 마련이다. 그러나 개별적으로는 진보적이지만 전체적으로는 보수적인 할리우드에 변화의 조짐이 일기 시작했다. 이러한 움직임은 제작자와 배급자의 눈치를 보지 않아도 될 만큼 부를 축적한 배우와 감독을 중심으로 나타나고 있다.

예컨대 멜 깁슨의 〈패션 오브 크라이스트〉는 종교 영화의 흥행을 믿지 않는 제작자와 배급자에게 철저히 외면당했지만, 자비로 제작하고 자신의 배급사를 통해 배급·상영함으로써 관객들과 만날 수 있었다. 결과는 성공이었다.

값싼 디지털카메라와 컴퓨터 편집기술의 보편화 또한 할리우드의 '이단아'를 낳고 있다. 마이클 무어의 〈볼링 포 콜럼바인〉〈화씨 9/11〉〈식코〉 등은 최소 자원으로 할리우드의 보수적 제작시스템을 극복한 사례다. 마이클 무어의 성공은 분명히 이례적 사건이지만 소규모 제작으로 개인의 정치의식을 드러내는 시도는 계속 늘어날 것이다.

디가프리오는 왜 진보적일까

정치인들의 연기, 연기인들의 정치

연예인들의 정치 참여에 흔히 제기되는 문제가 있다. '연예인들이 정치 성향을 드러내는 것이 어디까지 허용되는가' 하는 것이다. 이 문제 제기에는 '영향력'과 '자질'이라는 두 가지 주제가 포함되어 있다.

첫째는 연예인이 비정치적 활동으로 얻은 영향력을 정치적으로 쓰는 것이 옳은가의 문제다. 그러나 동일하게 '비정치' 분야에서 얻은 명성과 재력으로 정계에 입문하는 기업인이나 학자는 같은 비판을 받지 않다는 점에서 '정치 연예인'들에 대한 비난은 부당한 측면이 있다. 이 '윤리적' 문제 제기의 배후에는 연예인에 대한 직업적 편견이라는 '비윤리적' 고정관념이 전제되어 있기 때문이다.

둘째는 '배우'와 '정치인'의 직업적 특성에 대한 고정관념이다. 여기에는 '진실'과 '허위'라는 이미지가 강하게 작용하고 있다. 즉 '연기'를 하는 연예인은 '사실'을 말하는 정치인의 자리에 어울리지 않는다는 것이다. 하지만 연기는 연예인만의 몫이 아니다. 정치인들도 연기를 한다.

2004년 10월 텔레비전 대선 토론이 있기 전 〈보스턴 글로브〉는 '정치인의 연기'에 대한 흥미로운 기사를 실었다. 이에 따르면, 대통령의 자질 가운데 할리우드 배우 이상의 '연기력'이 포함된다. 미디어시대에 대통령직은 사회가 믿는 '대통령다움'을 훌륭하게 연기해내는 사람에게 돌아간다.

218

"(민주당 대선 후보인) 존 케리는 대통령이 될 만한 충분한 연기력을 가지고 있는가? 선거운동이 막바지로 접어든 이때, 그리고 텔레비전 토론이 9월 30일로 다가오고 유권자들이 곧 냉철한 한 표를 던져야 하는 이 시점에서, 앞의 질문은 냉소적이고 무례하며 심지어 반민주적으로 들릴지 모른다. 흔히 사람들은 생각한다. 연기자들은 허상을 창조하지만 정치인들은 (케리 말대로) '진짜'라고 말이다.

그러나 현대정치를 제대로 이해하는 사람이라면 분명히 알고 있을 것이다. (특히 텔레비전에서) 정치인들이 '진짜'처럼 보이게 하는 데에는 엄청난 재능과 연습 그리고 훈련이 뒤따라야 한다는 사실을 말이다. 이 과정은 당연히 이미지 관리사의 조언과 커뮤니케이션 전문가의 도움이 필요하다. 극작가 아서 밀러가 2001년 에세이 〈정치와 연기술〉에서 말했듯, '모든 정치 지도자들은 정치에 연기가 필요하다는 사실을 안다.'"(데이브 데니슨, '평생의 배역: 대통령 연기를 가르치는 최고의 연기코치 2인', 〈보스턴 글로브〉, 2004년 9월 26일)

〈보스턴 글로브〉는 미국의 역대 대통령들이 어떻게 '연기'를 해 왔는지 자세히 설명한다. 아이젠하워와 닉슨은 영화배우 로버트 몽고메리에게 연기 지도를 받았으며, 카터 대통령은 로버트 레드포드에게 조언을 받아가며 텔레비전 토론을 준비했다. 하지만 '아마추어' 배우인 카터는 레이건에게 패하고 만다. 레이건은 '진짜' 배우였기 때문이다.

이미지에 압도된 미디어정치시대에 사람들이 '연기'와 '허상'을 두려

219

위하는 것은 이해할 수 있는 일이다. '연예인 정치'에 대한 우려 역시 같은 맥락에서 이해할 수 있다. 그러나 정말 위험한 것은 누구나 알고 있는 연예인들의 연기보다 드러나지 않는 정치인들의 연기다. 정치인들의 연기는 연예인들의 연기보다 언제나 더 '그럴 듯'하기 때문이다.

소수의 인재가
다수의 '범재'를
먹여 살린다?

언어는 문화를 반영한다. 한국에서는 많은 사
람들이 얻고 싶어 하는 '엘리트'라는 호칭이 미국에서는 피해야 할 '낙
인'으로 인식되는 이유가 여기에 있다. 2004년 미국 대통령 선거에서
패배한 존 케리 후보가 벗어 던지려고 안간힘을 쓰던 수식어가 바로
'엘리트'였다. 그리고 조지 부시는 '비엘리트' 이미지를 강조함으로써
적지 않은 반사이익을 얻었다. 2008년 대선 캠페인에서도 공화당 후보
매케인은 민주당의 오바마 후보를 '엘리트'라고 열심히 비난했다.

'엘리트'라는 용어에 대한 대중들의 거부감은 시민혁명을 경험한 사회
에서 공통적으로 발견되는 특성이다. 현대 미국 사회에서 이 호칭은 대

221

선 후보의 표를 좌우하는 정도에 그치지만 프랑스혁명 당시 '엘리트'는 단두대 앞에 서야 하는 '죄목'에 해당했다. 민주주의의 역사는 소수의 엘리트들이 독점하고 있던 권력을 국민들이 되찾아오는 과정이었기 때문이다.

그렇다면 민주주의 사회에서 대중들이 '엘리트'라는 용어에 불편함을 느끼는 것은 충분히 이해할 수 있는 일이다. 아니, 불편함을 느끼지 않는다면 오히려 그게 더 이상한 일일 것이다. 국민들이 다스리는 민주주의 국가에서 국민들 '위에' 서 있는 자들은 대체 누구란 말인가?

소수의 인재가 다수를 먹여 살린다?

한국에서 '엘리트'라는 단어가 갖는 독특한 위상 못지않게, 한국의 교육기관과 기업 역시 다른 나라와는 다른 태도를 보인다. 대표적인 것이 "소수의 인재가 나머지를 먹여 살린다"는 구호다. 우리에게는 너무나 익숙하지만 사실 이 주장은 서구 사회에서는 감히 입 밖에 내놓을 수 없는 '무엄한 말'이다.

이 말은 사실과도 거리가 멀다. 다수의 평범한 시민들로 구성된 사회는 '인재'들이 먹여 살려야 하는 '밥벌레 집단'이 아니라 오히려 그들의 삶을 가능케 해주는 터전이다. 평범한 시민들은 그 '인재'들이 속한 교육기관에 물적·인적 토대를 제공하고, 그들이 일하는 기업에서 생산되는 물건을 사주고 투자하며, 끊임없이 아이디어와 노동력을 공급해

■ MIT의 상징적인 건물 '그레이트 돔'.

주고 있다.

오히려 다수의 평범한 사람들이 소수의 '엘리트'를 먹여 살리는 셈이다. '누가 누구를 먹여 살리는가'의 문제는 단순한 수사학의 차원이 아니다. 이는 한 사회에서 기업과 학교가 져야 할 책임을 규정하는 대단히 중요한 논의이기 때문이다. 기업과 대학이 사회 없이 존속할 수 없다면 그들의 얻은 이익의 '사회 환원'은 '자선 행위'가 아니라 마땅히 되돌려주어야 할 빚을 갚는 일이다.

그러나 현실은 어떠한가? 시민들이 한 달만 물건을 사주지 않아도 도산할 기업들이 도리어 '국민들을 먹여 살린다'고 주장하거나 지역사회의

소수의 인재가 다수의 '범재'를 먹여 살린다?

도움 없이는 존속할 수 없는 교육기관들이 지역 주민들을 이방인 취급 해오지 않았던가. 감사의 주체와 대상을 구분하지 못하는 이들로부터 사회적 책임을 기대하기는 어렵다.

모두가 초대받은 '오픈소스' 학회

매사추세츠공대에서 2004년 9월에 열렸던 국제 커뮤니케이션 포럼[MIT Communications Forum]은 그런 면에서 아주 주목할 만한 행사였다. 미디어랩[Media Lab]과 비교미디어학과[Comparative Media Studies]가 주최한 이번 학회는 '테크놀로지가 문학적 내러티브에 미치는 영향'이라는 다소 독특한 주제로 이루어졌다. 그러나 더욱 인상적이었던 것은 학회의 형식이었다.

학회는 대개 논문이 통과되었다는 소식과 더불어 등록비 청구서를 함께 보내온다. 학회 등록비는 몇 십 달러에서 몇 백 달러에 이르기까지 다양하다. 그런데 이번 국제 커뮤니케이션 포럼 안내문에는 등록비용에 대한 내용이 전혀 언급되어 있지 않았다. 그 대신 다음과 같은 글귀가 쓰여 있었다.

"학회의 제반 지역민들을 포함한 모든 분들에게 열려있습니다."

편지는 학회 기간에 머물 수 있는 숙소들을 호텔로부터 값싼 유스호스텔에 이르기까지 빠짐없이 소개하는 것으로 끝을 맺었다. 관심 있다면

224

■학회가 열렸던 MIT 미디어랩.

누구나 참가비나 숙박비 부담 없이 일정에 참여할 수 있도록 배려한 것이다. 이 '오픈소스' 형식의 학회는 대단히 인상적이었지만 '테크놀로지와 내러티브' 라는 주제가 얼마나 시민들의 관심을 끌 수 있을까 하는 회의가 들었다.

그러나 이런 회의는 학회장에 도착한 즉시 사라졌다. 객석의 3분의 1이상이 학계와 상관없는 일반 시민들로 채워졌기 때문이다. 자신들을 '작가' '게임개발자' 혹은 '평범한 시민' 으로 소개한 이들은 프로그램이 끝날 때마다 열정적으로 자신들의 견해를 피력했으며, 사회와 담을 쌓은 '상아탑의 먹물들' 에 대한 비판도 빼놓지 않았다.

소수의 인재가 다수의 '범재' 를 먹여 살린다?

매사추세츠공대는 여러 가지로 시민들을 배려했다. 도서관을 개방했고, 간단한 등록절차만으로 누구나 무선 인터넷을 쓸 수 있게 했다. 저녁에는 모든 사람이 연회에 초대받았다.

학회가 끝났을 때 가장 감사한 이들은 학자였다. 그들은 이구동성으로 시민들로부터 많은 것을 듣고 배웠으며, 또 자신들의 사회적 역할이 무엇인지를 깨닫는 소중한 경험을 했다고 말했다. 그러면서 비록 재원 마련에 어려움을 겪더라도 이 '오픈소스 방식'을 고수해주기를 바란다고 당부했다.

평범 속에 뿌리내린 비범

이번 학회가 아니더라도 매사추세츠공대는 독특한 문화로 잘 알려져 있다. 많은 사립대와 달리 형식에 구애받지 않는 분방함이 그렇거니와 어느 학교보다 지역사회와의 결속과 연대를 강조하는 점도 그렇다. 캠퍼스 곳곳에 설치된 휘장의 표어가 이 정신을 잘 드러내준다.

"평범 속에 뿌리내린 비범Uncommon in Common"

이 표어는 사회 속에서 학교와 기업이 갖추어야 할 책임과 자세를 일깨운다. 평범한 사람과 구분짓기 위해 애쓰는 한국의 엘리트 교육과는 정반대의 철학이다. 어떤 기업이나 학교도 사회를 떠나 허공에 존재할 수

나는 스타벅스에서 불온한 상상을 한다

■ 매사추세츠공대의 신입총장 취임식을 알리는 안내
휘장. "평범 속의 비범(Uncommon in Common)"
이라는 글귀가 보인다.

없으며, 그들이 가진 재능이라는 것 역시 시민들의 능력보다 우월한 것
도 아니다. 다만 다른 재능을 가지고 있을 뿐이다.

당연한 이야기지만, 수학 문제 하나를 더 잘 풀거나 외국어 하나를 더
잘 구사하는 것이 곡식을 제때 길러 내거나 신발을 멋지게 꿰매는 능력
보다 낫다고 말할 수 없다. 우리 식탁에 놓인 밤과 우리 발을 덮고 있는
구두가 주머니 속에 든 최신형 휴대폰 못지않게 중요하다면 말이다. 결
국 '엘리트주의' 란, 수평적 차이를 수직적 위계로 착각하는 오류이자
감사해야 할 사람이 오히려 감사를 요구하는 무례함에 지나지 않는다.

이번 국제 커뮤니케이션 포럼의 핵심적 관점 가운데 하나는 생산과 소

소수의 인재가 다수이 '벌게' 를 먹여 실린다?

비의 관계를 일방적인 수혜의 과정이 아닌 '순환' 의 과정으로 파악하는
것이었다. 기업이 제품을 생산해 시장에 내놓을 때 이를 구매하는 소비
자는 금전적 대가만을 지불하는 것이 아니라 그 제품에 대한 '이야기',
즉 의미와 아이디어를 동시에 기업에게 제공한다. 그리고 그 의미와 아
이디어는 이후 기업의 생산과 판매에 있어 핵심적인 자산이 된다.

대표적인 예로 한국의 정보통신산업을 들 수 있다. 세계시장에서 각광
받는 한국의 정보통신기술은 기업의 꾸준한 연구개발 못지않게 평범한
한국 국민들에게 빚지고 있다. 한국 국민들만큼 적극적으로 신기술 제
품을 사주고, 써주고, 평가해주는 소비자도 없기 때문이다.

마이크로소프트나 선마이크로시스템과 같은 정보기술업체가 앞 다투
어 한국에 연구소를 세우는 이유도 여기에 있다. 이들은 기업의 신기술
을 배우기 위해서가 아니라 '한국 국민' 이라는 인적 인프라를 활용하
기 위해 한국에 오는 것이다. 미국 일간지 〈샌프란시스코 크로니클〉은
이 점을 분명히 한다. 앞선 기술을 능동적으로 채택하고 까다롭게 평가
해주는 소비자들 덕분에 한국시장이 정보통신산업의 미래를 내다볼 수
있는 '타임머신' 역할을 하게 되었다는 것이다.

"미국 실리콘 벨리의 정보통신 업체들은 상대적으로 낙후된 자국의
광대역 인터넷 환경에 불만을 품은 채 한국으로 몰려들고 있다. 자신
들의 기술을 한국 소비자라는 세계에서 가장 까다로운 시험관에게 검
증받기 위해서다. 미국의 정보통신업계는 한국시장을 미래의 미국시

장을 내다보기 위한 일종의 '타임머신' 으로 간주하고 있다. 한국의 대형 전자업체인 삼성은 신제품을 한국 소비자들에게 먼저 선보여 6~8개월간 써보게 한 뒤 반응을 살펴 문제점을 해결한 뒤 세계시장에 내놓는다." ('한국이 바로 미래다', 〈샌프란시스코 크로니클〉, 2005년 3월 13일)

미국의 학교와 기업들이 자신이 속한 사회를 위해 적극적으로 베풀고 헌신하는 것은 마음이 관대해서가 아니다. 그들 자신들이야말로 사회의 가장 큰 수혜자임을 잘 인식하고 있기 때문이다. '노블레스 오블리주' 는 고귀한 '희생정신' 이 아니라 자신이 빚지고 있다는 사실을 올바로 아는 데서 시작되는 것이다.

몇 년 전 한국에서 '일류 엘리트론' 으로 유명했던 한 기업 총수가 대학에서 명예 철학박사 학위를 받으려다 학생들의 제지를 받은 사건이 있었다. 이 기업이 여러 학교에 기부금을 내는 것은 분명히 칭찬받을 일이다. 그러나 그 '사회 환원' 은 어디까지나 '자선' 의 차원이 아니라 사회에 진 빚에 대한 '보은' 의 차원이어야 한다.

만약 삼성의 기부 행위가 감사받을 만하다면, 20여 년 전 소니 '워크맨' 을 마다하고 별 세 개 로고가 찍힌 '마이마이' 를 사주었던 한국 소비자들의 '기부 행위' 역시 감사받아야 마땅하다. 당시 그 중소업체의 물건을 애국심만으로 써주고 아낌없이 조언함으로써 세계적 기업으로 키워낸 것이 국민들이었기 때문이다. 평범한 시민들이야말로 그 기업을 '먹여 살린' 은인이 아닐 수 없다.

229

돈이 없으면
아프지도
마라

"전국민의료보험이란 사회주의적인 혹은 국영화된 의료체계로서 억압적인 전제국가에서나 찾아볼 수 있는 사악한 것이다. 국민의료보험은 미국의 전통에 위배될 뿐 아니라 사회주의로 가는 위험한 첫 걸음이기도 하다. 우리는 이러한 움직임을 결코 좌시하지 않을 것이다."

실없는 우스갯소리나 풍자극의 대사가 아니다. 위 글은 1948년 12월 미국 〈의사협회보〉에 실렸던 사설이다. 자신들의 이익에 반하면 '사회주의'를 들먹이는 못된 버릇은 미국의 보수층도 예외가 아니었던 듯한데, 어쨌든 이들의 '애국충정' 덕택에 현재 5000만 명에 이르는 미국인들

230

■ 미국의 터무니없이 높은 의료수가는 국민들의 보건을 위협하고 있다. 사진은 코네티컷의 한 병원.

이 아무런 의료보험의 혜택을 받지 못한 채 무방비 상태로 지내고 있다. 그리고 의료보험의 비수혜층은 급속도로 증가하고 있다. 미국에서는 한 해에 2500만 명 가까운 사람이 무보험자가 된다. 매분 마다 5명이 보험 혜택을 잃고 있는 것이다. 그 결과 850만 명에 이르는 어린이들이 아무런 보험의 보호를 받지 못하고 있다.

또한 미국에서는 한 해 평균 2만 명에 가까운 사람들이 단지 보험이 없다는 이유로 죽어간다. 무보험자들은 하루하루를 살얼음판 위에서 살

231

돈이 없으면 아프지도 마라

아가야 한다. 그들이 할 수 있는 일이라곤 병이 나지 않게 해 달라고 신께 기도하는 것뿐이다.

전 세계에서 가장 높은 의료비용을 생각할 때 미국에서 보험 없이 병원을 찾는다는 것은 상상할 수 없는 일이다. 고가의 의료서비스는 무보험자뿐 아니라 보험 수혜자들에게도 적잖은 고통을 주고 있다. 미국의 임금증가율은 줄어드는 반면 보험료는 계속 늘고 있기 때문이다.

무엇이 문제인가?

미국에서 한 가족이 의료보험 혜택을 받기 위해 지불하는 평균비용은 1만 5000달러로, 한국의 대학 졸업자 평균 연봉에 가깝다. 이 때문에 미국 서민들이 직장의 도움 없이 개인적으로 보험을 갖기는 사실상 불가능하다.

하지만 기업들이 지불하는 의료보조비는 임금의 잠재적 인상분인 경우가 많고 기업이 부담한 비용은 상품이나 서비스 가격에 포함된다. 결국 의료보험에 따른 제반 비용은 피고용인과 소비자들이 부담하는 셈이다. 그럼에도 불구하고 그 부담이 만만치 않기 때문에 미국의 직장 의료보험은 관리보험managed care이 대부분이다.

관리보험은 일종의 네트워크 형태로서 환자들은 보험사에서 정해준 특정 병원의 특정 의사들에게만 치료를 받을 수 있다. 의료비용을 최소화하기 위해서다.

232

이처럼 환자들에게 주치의를 할당해주는 'HMO^{Health Maintenance Organization}' 등의 관리보험체계는 보험수가는 낮지만 제한이 너무 많고 의료서비스의 질이 떨어지는 문제가 있다. 비용이 많이 드는 치료나 수술의 경우, 환자가 보험사의 사전 허락을 얻어야 한다.

이처럼 미국의 의료보험은 사적인 부문에 의해서 통제되고 있다. 물론 공적 성격의 의료보험이 없는 것은 아니다. 예컨대 일정한 소득 이하의 극빈층을 대상으로 하는 의료서비스인 '메디케이드^{Medicaid}' 와 65세 이상의 노인들을 대상으로 시행되는 '메디케어^{Medicare}' 가 있다.

그러나 엄격한 자격심사로 이루어지는 공공보험은 한도와 기간에 제약이 있다. 사후 비용처리가 잘 되지 않는다는 이유로 의료기관으로부터 냉대를 받는 경우도 많다. 보다 심각한 문제는 극빈층은 아니지만 개인 보험 구매 능력이 없는 시민들은 대책이 없다는 것이다.

한 이민자의 안타까운 죽음

미국에서 의료보험의 수혜층과 비수혜층 간에는 명확한 인종적 경계가 존재한다. 예컨대 백인들 가운데서 보험을 갖지 못한 사람들이 11퍼센트인 반면 아시아인들은 이의 두 배에 가까운 18퍼센트, 흑인과 히스패닉들은 각기 20퍼센트와 32퍼센트에 달하고 있기 때문이다.

2004년 7월 〈뉴욕타임스〉에 실린 한인 교포의 안타까운 사망 소식은 미국 보건체계의 심각성을 잘 보여준다. 뉴욕주의 퀸즈에 살던 한국인 문

233

철선 씨는 운동 중 머리를 다쳐 병원 응급실로 실려 갔으나, 단층촬영을 마친 병원 측은 특별한 치료 없이 문 씨를 퇴원 조치했다. 이곳은 문 씨가 처음 실려 갔던 의료원에서 추천해준 두 번째 병원이었다.

병원은 단층촬영 후 뇌출혈 사실을 확인했으면서도 "열흘 뒤 다시 오라"며 집으로 돌려보냈다고 한다. 통증을 호소하는 환자에게 병원이 한 말은 "진통제를 복용하라"였다. 그러나 열흘 뒤 병원을 찾아간 문 씨는 "95달러를 내지 않으면 의사를 만날 수 없다"는 말을 들었다. 돈을 지불하자 병원은 "오늘은 검사를 할 수 없으니 사흘 뒤 다시 오라"고 말을 바꿨다.

사흘 뒤 다시 병원을 찾은 문 씨의 가족은 "단층촬영 한 번에 552달러인데 최소 절반 이상의 비용을 내지 않으면 진찰을 받을 수 없다"는 통보를 받았다. 촬영을 끝내고 집으로 돌아온 문 씨는 며칠 후 다시 병원을 찾았지만, 병원 측은 4500달러짜리 청구서를 내밀었다.

엄청난 청구액을 감당할 길이 없었던 문 씨는 스스로 치료비를 모아볼 생각으로 아픈 몸을 이끌고 공사장에 나섰다가 통증이 악화되어 다시 응급실로 실려 갔다. 병원은 뇌출혈로 인해 혈종이 발생한 것을 알아내고는 더 큰 병원으로 옮겨 수술을 시작했다. 그러나 문 씨는 끝내 숨을 거두고 말았다.

수술을 시도한 병원은 "왜 더 빨리 데리고 오지 않았느냐"고 문 씨 가족을 꾸짖었다고 한다. 하지만 문 씨에게 단층촬영만 한 뒤 돌려보낸 병원은 "우리로서는 할 일을 다했다"고 주장했다. 환자 측에 메디케이드에 대한 정보도 제공하고 후속 진찰 날짜까지 알려줬지만 문 씨가 찾아오지 않았다는 것이다.

환자를 죽음으로 내모는 미국의 의료체계

〈뉴욕타임스〉는 문 씨의 죽음이 구멍 뚫린 미국의 의료체계와 문화적 차이 및 의사소통의 오해가 빚어낸 불행한 결과였다고 보도했다.

그러나 문 씨의 불행은 결코 언어소통의 문제가 아니었다는 것이 문 씨의 변호사인 엘리자베스 벤자민의 말이다. 영어에 익숙하지 않은 환자들을 다루는 일은 미국 병원의 일상적 업무라는 것이다. 게다가 문 씨를 그냥 돌려보낸 병원 측은 매년 7000만 달러 이상을 자선의료비용으로 보조받고 있었다.

하지만 해당 병원은 되돌려 받지 못하는 치료비가 연간 1억 2000만 달러에 이르는 상황에서 문 씨 같은 환자들을 지속적으로 돌보기는 어렵다고 말하고 있다. 무보험자의 증가가 환자들뿐 아니라 의료계에도 큰 부담이 되고 있는 것이다. 장기간 치료를 받지 못한 무보험 환자들은 최악의 상태에서 응급실로 들이닥치기 마련인데, 이 경우 병원은 환자를 아무런 보상대책 없이 치료해야 한다.

대부분의 주가 정한 법률에 따르면, 병원은 응급실로 실려 온 환자들을 지불 능력과 상관없이 치료해야 한다. 그러나 문철선 씨와 같이 보험이 없는 환자들의 경우 응급실에서 치료를 받은 후 귀가하고 나면 이후에

235

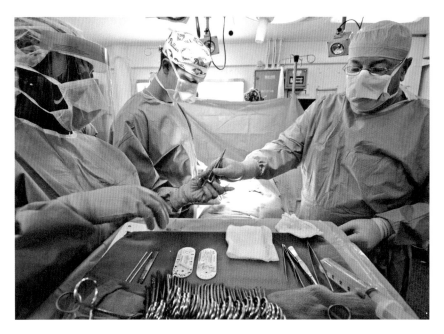

■ 미국의 심각한 의료문제는 국민보건이 기업이나 개인의 돈벌이 수단으로 전락한 결과다. 공공부문이 한번 영리화되고 나면 이를 다시 회복하는 것은 거의 불가능하다. 사진은 미국 병원의 수술 장면.

는 아무런 도움을 받을 수 없는 절박한 상황에 놓이게 된다. 후속 치료를 위해서는 의사와 약속을 잡아야 하지만, 막대한 금액의 청구서가 그들을 기다리고 있다. 청구금액을 일정 부분 지불하지 않으면 진료를 받을 수 없는 것은 물론이고, 치료비를 제때 갚지 못해 신용불량자가 되는 사람도 많다.

결국 환자와 의료계 모두 잘못된 사회의료체계의 희생자인 셈이다. 보험을 가질 능력이 없는 국민들은 조기에 적절한 치료를 받지 못한 채 마

나는 스타벅스에서 불온한 상상을 한다

지막 순간에 응급실에 실려가고, 병원은 아무런 대책 없이 이들을 의무적으로 돌봐야 하는 모순이 되풀이되는 것이다.

미국 의료체계의 문제는 오래전부터 지적되어 왔지만, 아직 이렇다 할 만한 사회적 합의를 도출하지 못한 상태다. 전국민의료보험의 필요성을 느끼는 사람들이 적지 않지만, 다양한 사회계층의 이해관계가 얽혀 있는 복잡한 문제여서 실현하기 힘들다.

국민 모두가 의료혜택을 누릴 수 있기 위해서는 사회적 재원이 필요하다. 그러나 터무니없이 높은 미국의 의료수가는 이 비용 마련 자체를 어렵게 한다. 고가의 훌륭한 보험 서비스를 받고 있는 계층은 세금을 통한 자금 충당에 반대하고 있으며, 이미 영리업체들이 장악한 의료보험시장은 정부의 개입을 차단하기 위해 애쓰고 있다.

부자 나라, 가난한 복지

왜 이런 일이 1인당 국민소득 4만 달러를 자랑하는 '부자 나라'에서 일어나는 것일까? 마이클 무어는 다큐멘터리 〈식코〉를 통해 그 이유를 찾아 나선다. 그는 닉슨 대통령의 비밀 녹화록에서 "전국민의료보험은 빨갱이 체제"라고 비난하던 미국 의사협회의 홍보영상, 그리고 보건부에서 제약회사 이사로 자리를 옮긴 정부 관리의 연봉까지 추적한다.

그리고 결론을 내린다. 미국이 겪고 있는 이 끔찍한 재앙은 국민보건이 기업의 돈벌이 수단으로 전락한 결과라고 말이다. 국민의 건강을 책임

■ 마이클 무어 감독의 다큐멘터리 〈식코〉의 한 장면. 전기톱에 손가락 두 개가 잘린 무보험 환자는 병원에서 접합수술 비용을 놓고 흥정을 벌인다. 병원 측은 완전히 잘린 중지를 6만 달러에 수술받으면 약지는 1만 2000달러에 치료해주겠다며 '할인가'를 제시한다. 환자는 약지 하나만 1만 2000달러에 붙여달라고 호소한다.

져야 할 정부는 보험사와 민간 의료기관과 결탁해 그들의 이윤을 지켜주기 바쁘다. 물론 정부 관리들에게는 기업으로부터 막대한 정치후원금 및 은퇴 이후의 고액 연봉직이라는 보상이 주어진다.

미국이 맞고 있는 국민보건의 위기는 '작은 정부'를 내세우며 공공부문을 지속적으로 축소시킨 결과다. 그러나 '의무보험'이라는 발상 자체를 불온시하는 경향 때문에 정치권은 쉽게 전국민의료보험을 공약으로 내세우지 못하고 있다.

그러나 미국 사회는 변화를 느긋이 기다릴 여유가 없어 보인다. 이미 고령사회인 미국은 수명연장으로 인해 노년층이 점점 두터워지고 있다.

238

전후 베이비붐 세대는 조만간 노년층으로 대거 진입할 것이다.

돈이 없으면 아플 수도 없는 사회가 되었다는 점에서, 미국은 국민의료보험이라는 '사악한 사회주의적 발상'에 맞서 '의료 자본주의'를 성공적으로 지켜낸 셈이다. 그러나 병실에 누워 있는 환자들이 이 '성공'을 기뻐할 것으로 보이지는 않는다. 집에 누워 슈퍼마켓에서 파는 응급약으로 연명하는 환자들은 말할 필요도 없이.

이루어지지 않은
마틴 루터 킹의
꿈

유학생 신분으로 처음 뉴욕행 비행기에 올랐을 때, 그 지루한 열 몇 시간을 미국의 모습을 상상하며 보냈다. 한 번도 가본 적 없는 미국이었지만, 영화와 텔레비전 속에서 본 이미지들은 마음속에서 너무나 선명한 '미국'의 모습을 그려내고 있었다. 나는 그 이미지와 '실제' 미국이 어떻게 다른지를 비교해볼 생각이었다. 그러자 마음 한편에서 '실제 미국'에 대한 순진한 기대를 꾸짖는 목소리가 들려왔다. '실제 미국'을 이미 내가 알고 있는 이미지와 어떻게 떼어놓을 수 있단 말인가. 뉴욕의 허름한 뒷골목에서 어떻게 갱스터 영화가 일러준 범죄의 냄새를 맡지 않을 수 있으며, 엠파이어스테이트 빌딩

240

나는 스타벅스에서 불온한 상상을 한다

■ 뉴욕 맨해튼 중심부에 자리잡은 타임스퀘어. 고층 건물과 네온사인으로 둘러싸인 이 번화가는 뉴욕의 상징이 되었다. 수많은 영화의 무대로 사용된 이곳은 처음 방문한 사람들에게도 친근감을 넘어 향수까지 느끼게 한다.

을 보면서 어떻게 〈러브 어페어〉나 〈시애틀의 잠 못 이루는 밤〉의 낭만을 떠올리지 않을 수 있단 말인가.

심지어 거리에서 처음 만나는 낯선 사람들마저 내게 너무나 익숙한 의미를 안겨줄 터였다. 채 도착하지도 않은 저 먼 땅의 거리를 거닐고 있는 사람들은 그들의 외모, 옷차림, 표정, 피부색 등에 악몽처럼 배어있는 이미지에 의해 판단받게 될 것이다. 무서운 일이었다.

'가상의 도시'를 향해가다

현대사회에서 '낯선 곳'이란 존재하지 않는다. 우리들은 처음 떠나는 행선지에 대해서조차 분명한 이미지를 갖고 출발한다. 실제 방문은 이 인식을 '대체'하는 것이 아니라 '보완'하는 차원에 머물기 마련이다.

그런 면에서 미국을 '가상의 세계'로 파악한 보드리야르의 시각은 타당하다. 대중매체의 이미지를 통한 간접경험이 실제경험을 압도하는 시대에 이미지로부터 자유로운 장소는 존재하지 않는다. 그러나 그중에서도 뉴욕만큼 이미지에 가위눌린 도시가 있을까.

뉴욕의 형편없는 날씨나 악취 풍기는 지하철마저 '뉴요커'라는 가상적 이미지에 의해 낭만화되곤 한다. '뉴요커'는 문자 그대로 뉴욕이라는 공간에 존재하는 사람을 일컫는 것이 아니라 그들이 입고, 거주하고, 소비하는 (정확히는 그러할 것이라고 믿는) 상품과 연관된 문화적 이미지다. 그런 면에서 '뉴요커'는 존재하지 않는 가상의 개념일 뿐이다.

이처럼 이미지의 매트릭스세계에서 벗어나기는 어려운 일이지만, 미국으로 향하는 시간 내내 포기할 수 없던 미국의 '현실적인' 이미지가 하나 있었다. 그것은 비록 완전하지는 않을지라도 서로 다른 문화와 피부색을 가진 사람들이 비교적 평등하고 조화롭게 살아가는 모습이었다.

나의 이런 기대를 뒷받침해준 것은 고등학교 시절 영어공부를 위해 읽었던 마틴 루터 킹의 연설문이었다. 40여 년 전, 인권운동가였던 킹 목사는 워싱턴의 링컨기념관 계단에 서서 수많은 인파들을 향해 이렇게 외쳤다.

"저에게는 꿈이 있습니다. 언젠가는 조지아주의 붉은 언덕에서 노예의 후손과 그 노예를 부리던 주인의 후손들이 형제의 식탁에 마주앉게 될 것이라는 꿈입니다. 제게는 꿈이 있습니다. 불의와 억압의 열기로 이글거리는 저 황폐한 사막인 미시시피주가 언젠가는 자유와 정의의 단물이 흐르는 오아시스가 될 것이라는 꿈입니다. 제게는 꿈이 있습니다. 제가 낳은 네 명의 자식들이 언젠가는 피부색이 아닌 인품으로 평가받는 나라에서 살게 될 것이라는 꿈입니다."

이루어지지 않은 꿈

내가 킹 목사의 연설에 얽힌 역사적 배경을 깨닫게 된 것은 오랜 세월이 지난 뒤였다. 당시 이 연설문을 읽던 고등학생은 남북전쟁이 끝난 뒤

100년이 지났는데도 왜 노예의 후손들과 주인의 후손들이 더불어 사는 게 '꿈'에 머물러야 했는지를 의아해하기보다는, 그 글에 포함된 '관계부사의 용법'에 더 큰 관심을 가져야만 했다.

이후 대학에 진학한 나는 영문법 책보다 더 두꺼운 토플책을 들고 다니게 되었지만 (그 토플책은 도서관 자리를 맡는데 사용되었다), 킹 목사의 '꿈'이 미국 현실과 어느 정도 차이가 있는지는 생각해보지 않았다. 다만 '마틴 루터 킹의 날'이 미국의 국경일로 정해져 있는 것을 보아 고인이 생전에 가졌던 꿈이 상당 부분 이루어졌을 거라는 막연한 생각을 가졌을 뿐이다.

그런 나의 기대는 케네디 공항에 비행기가 착륙하는 순간 무너져 내렸다. 8월의 태양 아래에서 활주로 보수공사를 하거나 화물 하역작업을 하는 사람들은 대부분 흑인들이었으며, 지친 얼굴로 택시 승강장에서 손님을 기다리고 있는 기사들 대부분은 아랍계 이민자들이었다.

모든 직업이 고귀하다는 생각은 변함없이 지켜온 신념이었지만 그들의 피로한 기색은 자신들의 직업이 자발적인 선택의 결과만은 아니었다는 사실을 말해주고 있었다. 택시가 시내로 들어서자 거리를 가득 메운 인파 속의 시가지가 드러났다. 행인들 가운데 유모차를 끌고 도심지를 여유 있게 걷는 여자들의 모습이 인상적이었다.

그러나 유모차에 타고 있는 아기는 대부분 백인이었고 그 수레를 미는 손은 거의 예외 없이 검었다. 이들의 현대적 옷차림과 뒤의 화려한 네온간판을 제외한다면 흰 아기를 돌보는 검은 피부의 여인은 미국 역사상

244

어느 때든 볼 수 있는 장면이었을 것이다.

물론 그 여인들은 더 이상 노예의 신분이 아니며 일과시간 가운데 짬을 내어 아기를 돌보는 시간제 유모^{babysitter}가 미국에서 보편화되어 있다는 사실 역시 잘 알고 있었다. 그러나 유모차 안에 앉은 아이의 피부와 손잡이를 미는 사람의 피부 사이에 아무런 상관관계를 발견할 수 없게 되기 전까지 킹 목사의 꿈은 온전히 이루어졌다고 말할 수 없다.

인식 속의 노예제도

'피부색이 직업과 사회적 지위를 결정하는 나라.' 다소 거칠게 말해 이 것이 미국의 첫인상이었다. 물론 시간이 흘러감에 따라 다른 모습도 접하게 되었고, 이에 따라 미국 사회에 대한 판단 역시 상당부분 조정되었다. 그러나 피부색과 사회적 지위에 대한 애초의 판단은 여전히 그 설득력을 유지하고 있다.

하지만 그동안 깨닫게 된 가장 고통스러운 사실은 미국 사회가 인종차별적인만큼 내 머릿속도 인종차별적이라는 것이며, 내 안에 자리 잡은 인종차별 의식의 출처는 바로 한국 사회였다는 것이다.

많은 한국인들이 흑인에 대해 근거 없는 두려움과 혐오를 갖고 있다. 나는 미국을 잠시 방문하거나 심지어 오랫동안 이곳에서 살아온 교민들조차 부당한 맥락에서 '흑인'이라는 말을 사용하는 것을 볼 때마다 당혹스럽다. 그들이 '흑인들 많은 위험한 동네' 혹은 '흑인들 없는 부촌'이

245

라는 말을 쓸 때 나는 이렇게 묻곤 한다.

"혹시 흑인들에게 좋지 않은 일을 당하신 경험이라도 있나요?"

물론 이런 경험이 없을 뿐 아니라 흑인들과 이야기조차 해보지 않은 사람들이 대부분이다. 한국인들의 이런 인종적 고정관념이 한국 사회와 미국 교민 사회를 지배하고 있는데 이는 흔히 두 가지 상반된 결과로 나타난다.

하나는 스스로를 '유색인종'이라고 부르는 자기 모멸적 열등의식이고, 다른 하나는 자신이 처한 현실을 무시하고 지배계층과 스스로를 상상적으로 동일시하는 데서 나타나는 정치적 보수성이다.

한국의 언론에서 어렵지 않게 찾아볼 수 있는 "유색인종으로는 처음으로……"나 "한국 찾은 외국인들 '원더풀' 연발" 혹은 "한국인, 미국 명문대학 합격" 등의 발언이 열등의식에 근거한 것이라면, 다른 소수인종과 연대하기를 거부하고 백인 중산층 위주의 정책을 펴는 공화당을 지지하는 정치적 보수주의는 상상적 동일시의 결과다.

과자 포장지 위의 '짐 크로우'

미국 사회에서조차 오래전에 용도폐기 된 '유색인종'이라는 말이 한국 사회에서 여전히 통용되고 있다는 사실은 한국 사회에 백인우월주의가 여전히 남아 있음을 말해준다. 그리고 이것의 가장 큰 피해자는 바로 우리들 자신이다. '유색colored' 이라는 말은 백인은 아무런 피부색을 가지고 있지 않고 '다른 인종' 만 색깔을 가지고 있다고 주장하는 것이다.

결국 이 언어를 채택하는 것은 자신에게 백인의 정체성을 부여하는 동시에 다른 인종을 '그들' 이라는 이름으로 타자화하는 행위다. 투명인간이 아니라면 그 누구도 '무색인종' 이 될 수 없음에도 말이다.

어린 시절 즐겨 보던 만화와 좋아하던 과자의 포장에 그려진 흑인의 친근한 모습이 실제로는 가혹한 노예문화의 산물이라는 것을 깨달은 것 역시 불과 얼마 전의 일이다.

검은 얼굴의 반을 차지하는 허옇고 큰 입술로 웃고 있는 '토인' 의 모습은 노예사회로부터 20세기 중반에 이르기까지 '짐 크로우Jim Crow' 라는 이름으로 백인

■ 1930년대 말에서 1940년대 초에 찍은 사진들로, 공공시설이 흑인과 백인용으로 구분되어 있는 것을 볼 수 있다. 피부색에 따라 사람에게 다른 지위를 부여하던 '짐 크로(Jim Crow)법' 은 노예해방 이후에도 자행되던 인종차별을 정당화하는 역할을 했다. 1964년 민권법이 통과되면서 법적인 차별은 사라졌으나, 법적인 금지가 사람들 내면에 깃든 인종차별의식까지 없애지는 못했다.

247

■ 인종차별에 반대하며 버스 보이콧
운동을 벌인 죄로 체포돼 경찰에
게 지문을 채취당하는 로사 팍스
의 모습.

들에게 조롱받던 흑인의 왜곡된 이미지다.

이 짐 크로우는 킹 목사가 앞의 연설을 하던 시대까지 흑인들을 학대하
던 인종차별법의 이름이기도 하다. 1960년대까지 미국 남부에는 이 차
별법에 따라 학교, 식당, 상점, 세탁소 등 온갖 공공장소에서 '백인용'
과 '흑인용'을 엄격히 구분했다.

"백인만 출입가능"이라는 표지판은 예사였고 "개와 검둥이는 출입금
지"라는 모욕적인 안내판까지 길가에 걸려있던 시절이었다. 백인과 흑
인이 함께 타는 버스에서도 백인이 흑인에게 자리를 요구하면 즉시 내
주어야 하는 것이 당시의 법이었다. 심지어 죄 없는 흑인들을 목매달거
나 산 채로 불태우는 잔혹한 범죄행위를 보면서도 경찰들이 뒷짐 지고
있기도 했다.

1955년 12월 1일, 백화점에서 고된 일과를 마친 한 흑인여성이 버스에
올랐다. 마침 빈자리를 발견한 그녀는 녹초가 된 몸을 그 곳에 앉혔다.

나는 스타벅스에서 불온한 상상을 한다

버스는 곧 만원이 되었고, 앉을 자리를 찾지 못한 백인도 생겨났다. 그녀는 법에 따라 백인에게 좌석을 양보해야 했으나 피곤한 몸을 일으키지 못해 그냥 앉아 있었다.

백인들이 항의하기 시작했고, 운전사까지 찾아와 자리를 내놓으라고 요구했다. 그녀는 일어나지 않았다. 신고를 받은 경찰이 달려와 그녀를 차에서 억지로 끌어내렸고, 여자는 '좌석을 양보하지 않은 죄'로 감옥에 갇히는 신세가 되었다. 그녀의 이름은 로사 파스^{Rosa Parks}로, 이 사건은 흑인들이 인종차별법에 대항하여 싸우게 된 결정적인 계기가 되었다.

증오에 맞선 평화의 행진

흑인들은 버스 승차를 거부하는 보이콧운동을 시작했다. 이것은 인종차별에 비폭력 저항으로 맞서는 흑인인권운동으로 확산되었다. 이 운동의 중심에 마틴 루터 킹이 서 있었다. 그는 이 일로 유죄판결을 받아 수감되었으나, 결국 미 연방법원에서 버스의 차별행위가 위헌이라는 판결을 얻어냈다.

이렇게 시작된 평화적 투쟁은 흑인들에게 음식을 팔지 않는 식당에 가서 묵묵히 수모를 겪으며 앉아 있는 침묵시위로 이어졌고, 이 정당한 요구에 적지 않은 백인들도 뜻을 같이했다. 이들은 흑인들과 함께 식당에 앉아 그들의 머리 위에 술과 소금을 쏟아붓는 백인들의 조롱을 온몸으로 견뎌냈다.

249

■ 마틴 루터 킹 목사는 인종차별 철폐에 앞장섬으로써 미국 민권운동사에서 가장 중요한 인물로 기록되었다. 그는 노벨평화상을 받은 뒤 4년인 1968년 한 백인의 총에 숨을 거둔다. 사진은 1963년 위싱턴 DC 링컨기념관 앞에 모인 군중들에게 답하는 마틴 루터 킹 목사.

피부색으로 사람의 가치를 평가하는 비인간적 인종차별에 맞서는 목소리는 전국적으로 퍼져갔고, 이것은 1963년 8월 28일 위싱턴 DC 행진으로 이어졌다. 당시 25만 명이 넘는 사람들이 경찰견에 물리고 살수차가 내뿜는 물에 쓰러지면서 묵묵히 이 대열에 참여했다.

링컨기념관 앞에 모여든 군중을 물기 어린 눈으로 바라보던 킹 목사는 마침내 입을 열었다. "나에게는 꿈이 있습니다."

이후 민권법이 통과되었다. 흑인들이 공적인 차별행위로부터 법적 보

나는 스타벅스에서 불온한 상상을 한다

호를 받을 수 있게 되었고 킹 목사에게 노벨 평화상이 주어졌지만 흑인들을 향한 차별의 시선은 크게 바뀌지 않았다. 당시 흑인들의 동등한 권리를 인정하려 하지 않는 사람들 가운데 킹 목사를 '빨갱이'라고 비난하는 사람도 있었다.

1968년 4월 4일, 킹 목사는 결국 변화를 원하지 않는 사람의 총탄에 숨을 거두었다. 무장투쟁을 주장하던 반인종차별단체의 요구를 평화의 이름으로 설득하던 킹 목사였으나, 자신을 향해 날아오는 증오의 탄환을 피할 수는 없었다.

40년 뒤의 눈물

한번은 차를 손보기 위해 카센터에 들렀다. 차가 수리되는 동안 대기실에 앉아 노트북을 켜고 글을 쓰고 있는데 출입문에서 누군가 큰 소리로 인사를 건네며 들어섰다. 고개를 들어보니 키가 훤칠한 노인이 환하게 웃고 있었다.

배우 모건 프리먼을 닮은 그 할아버지는 당신도 노트북을 하나 사야겠는데 어떤 기종이 좋을지 모르겠다며 말을 걸었다. 노트북에 대한 기술적 이야기는 내가 쓰고 있던 글 이야기로 바뀌었다.

킹 목사를 추모하는 글을 쓰고 있다는 이야기를 들은 할아버지의 표정이 일순 굳어지는 듯싶더니, 곧 한숨 섞인 고백이 흘러나왔다.

"킹 목사가 옳았어." 그는 당시 무장투쟁을 요구하던 '흑표범단^{Black}

251

^{Panther}'의 일원이었으며 비폭력저항을 내세운 킹 목사의 입장을 "문제해결에 도움이 되지 않는 온건주의"로 비판했다는 것이다.

잠시 후 수리가 끝났다는 연락을 받았고 나는 할아버지에게 "말씀 잘 들었다"고 말하며 손을 내밀었다. 나는 그때 그의 눈에 괸 눈물을 보았다. 영수증을 받아 들고 출입문을 나서면서 생각했다. 그 눈물은 어떤 의미를 담고 있었을까. 킹 목사를 추모하는 눈물이었을까, 아니면 여전히 이루어지지 않은 킹 목사의 꿈에 대한 안타까움의 눈물이었을까. 한 가지 분명한 건 그 눈물 속에서 할아버지가 내게 내민 연대의 손길을 보았다는 것이다.

나는 스타벅스에서 불온한 상상을 한다

사람들은 고향으로,
칠면조는
오븐 속으로

추수감사절^{Thanksgiving}은 미국 최대의 쇼핑 기간이다. 매해 11월 말부터 12월 말 크리스마스까지 백화점과 대형 상가는 발 디딜 틈 없이 붐빈다. '크리스마스 쇼핑 기간^{Christmas shopping season}'으로 불리는 이 한 달 동안 거의 모든 매장이 대대적인 할인판매를 한다. 특히 추수감사절 다음날 아침에 시작하는 (흔히 '블랙 프라이데이'라 부르는) 대규모 할인행사에는 문도 열지 않은 매장 앞에 새벽부터 길게 줄을 선 사람들을 볼 수 있다.

"더 많이 살수록 더 많이 아낄 수 있다^{The more you buy, the more you save}"는 표어만큼 미국의 소비문화를 잘 말해주는 것도 없을 것이다. '시적 모순'에

253

■ 추수감사절에서 크리스마스에 이르는 기간은 미국인들이 가장 많은 물건을 사는 쇼핑 기간이기도 하다. 추수감사절은 본래 11월 마지막 목요일이었으나, 루스벨트 대통령은 이날을 한 주 더 앞당기는 결정을 내렸다. 추수감사절에서 크리스마스까지의 쇼핑 기간을 늘려 더 많은 소비를 유도하려 한 것이다. 대단히 '미국적'인 소비촉진 정책이었던 셈이다. 이후 미국 의회는 11월 넷째 주 목요일을 추수감사절로 확정한다. 현재 추수감사절은 어떤 해에는 마지막 목요일에 오기도 하고, 어떤 해에는 두 번째 목요일에 오기도 한다.

가까운 이 구호는 대체로 합리적인 소비를 하는 미국인들이 왜 평생 카드빚에 허덕이며 사는지를 설명해준다.

내일의 소득을 오늘의 소비로 탈바꿈시키는 이 마법은 "지금 사서 절약하세요Buy Now and Save"라는 표어에 잘 나타나 있다. 청교도적 근검정신으로 무장한 미국의 소비자들은 오늘도 변함없이 '더 많이 절약하기 위해' 더 열심히 소비하고 있다.

미국인들이 가장 많은 돈을 쓰는 한 달 동안의 쇼핑 기간 속에는 기독교 이념으로부터 시작해 가정의 가치와 상업문화에 이르기까지 미국의 '모든 것'이 녹아 있다고 해도 과언이 아니다. 이 시기는 미국 문화를 살피기에 더없이 좋은 기회다.

나는 스타벅스에서 불온한 상상을 한다

추수감사절을 살려낸 '새라 헤일'

11월 셋째 주 목요일. 이때가 다가오면 미국인들의 일의 능률은 서서히 떨어지기 시작한다. 머릿속으로 고향으로 돌아갈 일정을 짜는 학생들 귀에 수업 내용이 들어올 리 없고, 상사들 눈을 피해 광고전단을 넘기는 직장인들 손에 업무가 잡힐 리 없다. 이렇게 해서 한두 주를 기대와 설렘으로 (그리고 몽상으로) 보내고 나면, 추수감사절 전날 수요일의 공항과 도로는 귀향객으로 북새통을 이룬다.

수업을 빨리 마쳐달라고 조르는 학생들과 고향으로 돌아가기 위해 도로를 가득 메운 차들을 보면, 이것이 미국의 추수감사절인지 아니면 한국의 추석 연휴인지 구분할 수 없을 정도다. 이렇게 해서 고향으로 돌아간 이들은 부모 형제들과 함께 주말을 보내며 끊임없이 먹고 마시고, 또 물건을 산다.

많은 사람들은 추수감사절이 미국에 처음 도착한 청교도들의 첫 수확 기념 이래 지금까지 전해 내려온 행사라고 생각한다. 하지만 미국인들이 추수감사절을 지금과 같은 전국적 연례적인 행사로 지내게 된 것은 첫 추수감사절로부터 두 세기 반이나 지난 19세기 중반에 이르러서다. 1863년 링컨 대통령은 새라 헤일이라는 여성지 발행인의 간청에 따라 11월 마지막 목요일을 전국적인 명절로 선포하게 된다.

청교도들이 1621년에 행했던 첫 추수감사 이후 같은 세기에 서너 차례의 유사한 행사가 있었지만, 이것은 모두 비정기적인 일회성 축제이자

사람들은 고향으로, 칠면조는 오븐 속으로

뉴잉글랜드 지방에 국한된 지역 행사였을 뿐이었다. 이후 18세기 말에 조지 워싱턴 대통령이 추수감사절을 전국적인 명절로 선언한 적이 있지만 이 전통은 후대에까지 이어지지 않았다. 이처럼 역사 속으로 사라진 전통을 살려낸 것이 언론인 새라 헤일이었던 것이다.

링컨에 의해 11월 마지막 목요일로 결정되었던 추수감사절은 루스벨트 대통령에 의해 한 주 앞당겨진다. 이유는 간단했다. 경제공황을 겪던 당시 추수감사절과 크리스마스에 이르는 기간을 한 주 더 늘려 사람들로 하여금 더 많이 소비하도록 하려는 것이었다.

많은 사람들이 반발했으나 결국 상점 앞에 길게 늘어선 인파가 증명하듯, 이 계획은 아주 성공적이었다. 이로써 농민들이 농작물 수확에 대해 감사하는 만큼 기업가들도 돈다발 수확에 대해 감사할 수 있게 되었다.

구두쇠 친구의 1박 2일 요리강좌

모두가 돈을 쓰는 때이니만큼 구두쇠로 소문난 친구 숀 밴쿠어가 소비의 유혹을 받았다고 해도 놀랄 일은 아니었다. 절친한 학과 친구인 그는 뉴욕에서 태어나 그곳에서 비교문학을 전공한 뒤 위스콘신으로 옮겨와 언론학 박사과정을 밟고 있다. 그는 매년 11월 말이면 덜덜거리는 소형 크라이슬러를 몰고 뉴욕으로 향하곤 했다.

추수감사절 이틀 전, 벌써 고향에 가있어야 할 그 친구로부터 뜻밖의 전화를 받았다. 기말에 제출해야 할 보고서가 뜻대로 풀리지 않아서 올해

■ 추수감사절에 빠지지 않는 칠면조요리. 소금과 버터를 발라 오븐에서 굽는데, 겉이 마르지 않도록 계속 해서 육즙을 발라주어야 한다.

는 고향에 가기 어려울 것 같다는 이야기였다. 하지만 추수감사절에 칠 면조는 먹어야 할 것 같기에, 특별히 초대받은 곳이 없으면 함께 저녁을 차려 먹자는 제안이었다. "뉴잉글랜드 지방에서 온 우리 가족의 조리 비법을 공개하겠다"는 유혹과 함께.

잠시 뒤 우리 집을 찾아온 그는 자신의 추수감사절 요리 '마스터플랜' 에 대해서 설명하기 시작했다. "칠면조, 호박파이, 민스밋 파이mincemeat pie, 크랜베리 소스cranberry sauce, 사탕고구마candied yam, 으깬 감자, 롤빵, 쿠키 ……." 이걸 다 직접 요리하겠다는 것이다. 음식 준비에 시간이 오래 걸

사람들은 고향으로, 칠면조는 오븐 속으로

리므로 앞으로 남은 이틀 동안 꼬박 요리를 해야 된다고 했다. 후회하기에는 이미 때가 늦었다. 그가 떠난 자리에는 내가 준비해야 할 재료가 빼곡히 적힌 종이가 놓여있었다.

다음날 나는 목록대로 장을 봐 그의 집을 찾았고 이렇게 해서 이틀 동안에 걸친 고난이 시작되었다. 꼼꼼한 친구라는 것을 알고는 있었으나 요리에 관한 한 그는 완벽주의자였다. 내가 깎아놓은 감자를 이리저리 돌려보고는 움푹 들어간 부분의 껍질이 완전히 제거되지 않았다고 퇴짜를 놓기도 하고, 애써 만들어 놓은 양념을 혼합 비율이 맞지 않는다는 이유로 개수대에 무참히 쏟아버리기도 했다. 오냐, 어떤 요리가 나오는지 두고 보자.

첫 요리는 호박파이로 시작되었다. 밀가루에 소금을 뿌리고 버터와 쇼트닝을 반씩 넣어 잘 섞은 후 물을 조금씩 부어가면서 되직한 반죽을 만든다. 그리고는 그 반죽을 밀대에 잘 펴서 그릇에 담아 파이껍질^{crust}을 만든다.

그 다음 겉껍질을 벗긴 호박을 푹 삶아 으깬 후 계란과 우유, 흑설탕, 계피와 정향^{clove} 등의 향신료를 넣고 걸쭉하게 될 때까지 끓인다. 파이 위에 얹을 속^{filling} 재료로 쓰기 위한 것이다. 이것을 이미 만들어 놓은 파이껍질 위에 부은 후 오븐에 넣고 굽는다. 이제 몇 십 분 후면 달콤하고 부드러운 호박파이를 맛볼 수 있게 될 것이다.

미국에서 호박파이는 구운 칠면조와 더불어 추수감사절을 상징하는 음식으로 자리 잡았지만, 청도교들의 첫 추수감사절 식탁에는 호박파이가

258

오르지 않았다. 당시의 상황을 정확히 파악할 역사기록이 남아 있지 않지만 역사학자들은 대략 다음과 같은 요리가 나왔을 것으로 추정한다. 삶은 야생 칠면조, 불에 구운 거위와 오리, 겨자를 발라 구운 사슴고기, 옥수수 푸딩, 토끼고기 스튜, 삶은 생선과 가재, 과일과 네덜란드 치즈, 삶은 호박 등.

호박과 옥수수를 비롯해 식탁을 채운 모든 작물은 '인디언' 이라는 엉뚱한 이름으로 불린 미국 원주민Native American들의 도움을 받아 길러낸 것이었다. 청교도가 미 대륙에 도착했던 11월, 그들은 이미 겨울로 들어서기 시작한 미국 북동부 지방의 혹독한 기후를 예측하지 못했다. 그들에게 집짓는 법과 경작하는 방법을 알려준 미국원주민들이 아니었다면, 청교도들은 첫 겨울을 넘기지 못하고 모두 차가운 땅 속에 묻혔을 것이다. 낯선 이방인들에게 따뜻한 도움의 손을 내밀었던 원주민들이야말로 첫 수확의 잔치에 초대받을 자격이 있는 사람들이었다. 첫 추수감사에 대한 기록은 정착민 지도자 가운데 한 명인 에드워드 윈슬로의 일기가 유일하다. 그는 원주민들과 함께 보냈던 추수감사축제를 다음과 같이 기술하고 있다.

"작물이 수확되어 들어오는 가운데 우리의 총독은 네 명의 사내를 보내어 새를 잡아오게 하였다. 이로써 우리들은 (한 해에 걸친) 수고가 맺은 결실을 더 특별한 방식으로 축하할 수 있게 될 것이다. 새 사냥을 떠났던 네 명의 남자들은 주위의 도움을 힘입기는 했지만 단 하루 만에

사람들은 고향으로, 칠면조는 오븐 속으로

■ 첫 추수감사절의 상상도. 흔한 오해와 달리, 청교도들의 첫 수확 감사는 지금의 추수감사절로 이어지지 않았다. 추수감사절이 전국적인 연례행사가 된 것은 19세기 중반 이후다.

우리 모두가 거의 일주일 동안 먹을 수 있을 만큼의 새를 잡았다. ……

많은 인디언들이 함께 참여했는데, 특히 그들의 위대한 왕 마사소이트

Massasoit와 동행한 90여 명의 인디언들이 우리와 함께 사흘 동안 함께 먹

고 마시며 즐겼다. 인디언들은 사냥을 나가 사슴 다섯 마리를 잡아왔

다. 한 해 내내 지금처럼 풍요를 누린 것은 아니나 우리는 신의 축복으

로 말미암아 곤궁으로부터 멀리 벗어날 수 있게 되었다." (에드워드 윈

슬로, 『몰트의 이야기Mourt's Relation: A Journal of the Pilgrims in Plymouth』, 1622년)

260 이후 추수감사의 전통이 계속 유지되지도 않았지만 그나마 향후 몇 번

나는 스타벅스에서 불온한 상상을 한다

행해진 감사축제에도 미국 원주민들은 초대받지 못했다. 청교도의 후손들은 초대장을 보내는 대신 방아쇠를 당기기 시작했다.

사라지는 4500만 마리의 칠면조

"파이가 기가 막히게 잘 됐다"고 환호하며 오븐에서 신나게 호박파이를 꺼내는 친구의 얼굴을 보고 있자니 생각이 복잡해졌다. 은혜를 원수로 갚았던 조상의 후손이 한가로이 호박파이를 굽고 있을 때, 그들을 따뜻하게 맞아주었던 미국 원주민의 후손들은 '인디언 보호구역'의 카지노를 전전하고 있을 터였다. 나는 파이를 식혀 냉장고에 넣고 나서 내일 다시 보자며 친구에게 작별인사를 했다.

다음날 아침 숀의 집에 도착했을 때 그는 냉장실에서 사흘간 녹인 칠면조를 오븐 속에 넣고 있었다. 칠면조는 버터와 소금, 후추를 뿌려 굽는데, 표면이 마르지 않도록 계속해서 옆으로 흘러내리는 육즙을 발라주어야 한다. 굽고 남은 칠면조의 육즙은 으깬 감자에 뿌려먹는 소스인 그레이비^{gravy}의 재료가 된다.

1년 동안 미국 전역에서 '살해'되는 칠면조의 수는 3억 마리에 달한다. 추수감사절 하루에만도 4500만 마리 이상이 요리된다. '칠면조 사면^{turkey pardoning}'은 '대량희생'되는 칠면조에 대한 죄책감을 덜기 위해 고안된 행사다.

추수감사절을 앞두고 미국 대통령은 오븐으로 들어갈 운명인 칠면조

261

■ 추수감사절에 희생되는 칠면조는 4500만 마리가 넘는다. 이 칠면조들에 대한 죄책감을 덜기 위해 마련된 행사가 '칠면조 사면(turkey pardoning)'이다. 1947년 트루먼 대통령 이래로, 미국 대통령은 매년 추수감사절을 앞두고 칠면조 한 마리를 백악관에 데려와서 풀어주는 행사를 벌인다. 사진은 해리 트루먼 대통령(왼쪽)과 조지 부시 대통령(오른쪽)의 칠면조 사면 행사 모습.

한 마리를 백악관에 데려와서 풀어주는 의식을 행한다. 1947년 해리 트루먼 대통령으로부터 시작된 이 행사에는 대통령의 제법 진지한 '사면 연설'이 따르고 청중들은 웃음으로 화답한다.

칠면조가 노릇노릇 구워지고 있을 무렵, 라디오에서 조지 부시 대통령이 비밀리에 이라크를 방문해서 사병들에게 칠면조를 나누어 주고 있다는 뉴스가 흘러나왔다. 가족의 명절인 추수감사절에 환한 얼굴로 잘 익은 칠면조를 들고 등장한 부시는 미국인들에게 영악한 정치인이 아닌 온화한 아버지의 모습으로 비쳤을 것이다.

이후 부시가 들고 있던 칠면조가 플라스틱으로 된 가짜였다는 보도가 나오긴 했지만 그건 중요치 않았다. 칠면조 비슷한 것을 들고 환하게 웃는 것만으로도 부시는 충분히 '현실적인' 효과를 거두었기 때문이다. 그가 들고 있던 것은 단순한 고깃덩이(혹은 속이 빈 플라스틱 통)가 아니라 미국적 가족의 가치와 기독교의 전통 그리고 가장의 리더십이었다. 그런 부시를 향해 '아름답고 순수한' 명절을 정치적 수단으로 사용하고 있다고 비판할 수도 있을 것이다. 그러나 많은 전통이 그러하듯 추수감사절 역시 그 자체가 정치와 무관한 '순수한' 행사가 아니었다. 앞서 말했듯, 청교도들의 첫 추수감사절은 계속 이어지지 못했다. 19세기 후반에 와서 뒤늦게 이 행사가 부활하게 된 것은 당시 급증하던 이민자들과 관련이 있다.

미국은 각 나라에서 몰려들던 이민자들을 '올바른 미국 시민' 으로 길러내기 위해 17세기 조상들을 불러냈다. 못 먹고 못 입으면서도 부지런히 일하던 청교도들이야말로 언어와 종교가 다른 '무식'하고 '게으른' 이방인들을 미국인으로 교화시키기 위한 완벽한 본보기였기 때문이다. 당시 청교도들의 '첫 추수감사절' 을 확산시키는 데 앞장선 곳은 포드나 플리머스 등의 노동집약적 제조업체였다.

오븐 속의 칠면조를 이리저리 찔러보던 친구가 나를 향해 고개를 끄덕인다. 그 친구가 먹음직스럽게 김이 오르는 고기를 손으로 뜯고 있을 때, 나는 그의 지시대로 사탕고구마를 만들기 시작했다.

우선 껍질 벗긴 고구마를 큼지막하게 잘라서 물에 삶는다. 이것을 오븐용 접시에 담고 그 위에 흑설탕과 버터를 섞어서 불에 달인 소스를 뿌린다. 그 위에 호두를 듬뿍 얹어 오븐에 구워낸다. 이 요리 역시 청교도와는 상관없지만 19세기 후반부터 추수감사절을 대표하는 메뉴가 되었다.

사람들은 고향으로, 칠면조는 오븐 속으로

■ 소원을 비는 '위시본'. 닭이나 칠면조 등의 가슴 윗부분에 있는 뼈이다. 두 사람이 굽쇠 모양으로 된 뼈의 양쪽을 잡고 잡아당겨 부러뜨려 큰 쪽을 쥔 사람이 소원을 빈다.

붉고 새콤한 크랜베리 소스를 만들고 저녁용 롤빵을 오븐에 넣자 서서히 해가 지기 시작했다. 식탁에는 수저와 포크가 놓였고 잔에는 포도주가 담겼다. 이렇게 해서 이틀 동안의 수고가 식탁에 놓였다. 우리의 소산은 두 시간에 걸친 만찬 속에서 사라졌다.

얼마 뒤, 그 친구가 크리스마스를 가족과 함께 보내기위해 뉴욕으로 떠나기 전 작별인사를 하러 우리 집에 들렀다. 그 친구의 손에는 우리의

나는 스타벅스에서 불온한 상상을 한다

손에 희생된 칠면조의 '위시본^{wishbone}'이 들려있었다. 그는 잘 말린 그 뼈를 건네주면서 내 새해 소원이 이루어지길 바란다고 말했다.

새의 가슴 위쪽에 있는 그 뼈는 말 그대로 '소원^{wish}'을 빌기 위한 것이다. 이 뼈의 양 끝을 두 사람이 잡고 잡아당겨서 부러뜨려 큰 쪽을 쥐는 사람의 소원이 이루어진다는 것이다. 그 친구는 소원을 빌 때 아무에게도 알리지 않아야 '효과'가 있다는 당부도 잊지 않았다. 나는 모든 사람들이 더 이상 전쟁 없이 평화롭게 살기를 소망한다. 칠면조 뼈 하나로 빌기에는 너무 큰 소원일까?

사람들은 고향으로, 칠면조는 오븐 속으로

유학생,
'공중부양'
위기를 넘다

유학생으로 미국에 와서 첫 짐을 풀 때의 일이다. 몇 년을 지내야 할 곳인데 직접 와보지 않고 전화로 기숙사 방을 신청한 것이 화근이었다.

방은 단정하고 깨끗했으나 생각했던 것보다 훨씬 작았다. "넓은 땅을 가진 미국이니 작은 방이라고 해도 꽤 넓을 것"이라고 지레짐작하고 확인 없이 가장 작은 방을 신청한 것이다.

네 벽의 길이가 같은 정육면체의 방이어서 마치 큰 상자 안에 들어온 기분이 들었다. 왼쪽 벽에는 침대가 길게 놓여 있고 정면과 왼쪽 벽에는 책상과 옷장이 각기 놓여 있어, 유일한 공간이라고는 책상에서 출입문

266

을 직선으로 잇는 좁은 통로뿐이었다.

이건 방이라기보다는 세 개의 벽 사이에 난 골목같았다. 그 좁은 통로는 점점 비대해져가는 나의 몸이 앞뒤로 수직 이동하는 것 이외에는 어떤 활동도 허락하지 않았다. 책꽂이를 놓을 공간도 없었다. 들쳐보지도 않으면서도 책은 닥치는 대로 사 모으는 수집벽까지 가지고 있었기에 내게는 책을 놓을 공간이 절실히 필요했다. 한 달 뒤, 한국에서 책 상자가 도착하면 그나마 나있는 통로까지 막힐 판이었다.

나는 퍼즐을 맞추듯 가구를 이리저리 옮겨 최대한의 여유 공간을 만들었다. 이 와중에 침대가 두 차례 섰다 넘어졌고 소형 냉장고가 책상 위로 서너 번 오르내렸으며, 옷장이 대여섯 번 문 밖으로 드나들었다. 책상과 옷장 사이에 책꽂이 하나 놓을 자리를 겨우 마련한 뒤 환호성을 지르고 있는데 전화벨이 울렸다.

"바로 아래층에 사는 루실인데요." 차분한 목소리였지만 간간이 몰아쉬는 숨소리 때문에 그녀가 터져나오는 분노를 억누르고 있음을 눈치챌 수 있었다. 당황해서 시계를 보니 10시 반이 아닌가. 어디선가 미국인들이 일찍 잠자리에 든다는 이야기를 들은 적이 있다.

"쿵쾅거리는 소리 때문에 몇 번이나 깼는지 알아요?"

"정말 죄송합니다. 뭐라고 사과를 해야 할지 ……. 제가 오늘 처음 이사를 와서 짐 정리하느라 소란을 피웠습니다. 분명히 약속드리지만 오늘 이후 다시는 그런 일이 없을 겁니다. 죄송합니다."

267

"참, 그리고 제가 요즘 박사논문을 쓰고 있으니까 밤에는 조용히 해 주셨으면 해요. 제가 좀 민감한 편이어서 쉽게 잠에서 깨거든요. 제가 잠자리에 드는 10시 이후에는 웬만하면 소리를 내지 말아주셨으면 해요."

이야기가 이상한 방향으로 풀려가고 있었다. 많은 미국의 건물이 그렇듯 이 기숙사도 소리가 잘 울려 퍼지는 목조건물이었다. 가끔 다른 학생들이 내 방 앞을 지나쳐 갈 때 발자국 소리가 묘한 공명음을 만들어낸다는 사실을 알고 있었다.

"오늘 같은 소음을 내는 일은 없을 겁니다만 저더러 밤 10시 이후에 아무 활동도 하지 말라는 건 아니겠지요?"
"여기는 모두가 함께 사는 커뮤니티예요. 서로가 서로를 존중해야지요."
"하지만 저는 10시면 대낮인데요."
난 다시 물었다.
"혹시 지금 내 발자국 소리가 들리나요?"
여자가 한숨을 쉬며 말했다.
"예. 좀 조용히 걸으실 수 없을까요?"
슬슬 부아가 치밀기 시작했다.
"이것 보세요. 나도 이 커뮤니티의 일원이고 따라서 나도 당신에게 존중을 요구할 권리가 있다고 생각하는데요. 당신과 달리 나는 10시 이후

268

에도 움직여야 해요. 내가 정상적으로 걷는데도 당신이 발자국 소리 때문에 괴로워한다면 이건 나의 문제가 아니라 건물의 문제 아닌가요?"

"이 건물에는 아무 문제없어요."

여자의 목소리를 따라서 내 목소리도 높아졌다.

"나더러 날아다니라는 거요?"

작은 기숙사 방에 대한 짜증과 노동의 피로가 분노를 자극해 나는 생각나는 대로 여자를 쏘아붙였다. 그 괘씸한 여자가 내 말에 상처받기를 진심으로 바라면서.

여자도 지지 않고 응수하다가 일순간 태도를 바꾸고는 말했다.

"오늘은 이만하고 내일 만나서 이야기합시다. 오늘 처음 왔다고 했지요? 정식으로 인사하지요. 내 이름은 루실이고 이 기숙사의 관리자로 일하고 있어요. 우리 기숙사에 온 걸 환영해요."

나는 이곳에서의 삶이 초장부터 꼬여가고 있다는 것을 알았다. 다음날 토스터 속에 빵이 걸려 새까맣게 타는 바람에 화재경보기가 울렸고, 덕분에 나는 그 여자를 만나기 전에 소방서 직원과 경찰을 차례로 만나야 했다.

'저상황 문화'와 '고상황 문화'

그로부터 꽤 오랜 세월이 흘렀다. 첫날부터 대판 싸웠던 루실과 나는 좋은 친구가 되었다. 돌이켜보면 나는 그녀와의 '첫 만남'에서 한 가지를

269

잘했고 한 가지를 잘못한 것 같다. 잘한 것은 그녀의 어처구니없는 요구에 당당히 대응한 것이고, 잘못한 것은 후반에 불필요하게 목소리를 높인 것이다.

지지 않고 응수한 덕분에 나는 날아다니기 위해 체중 조절을 할 필요가 없게 되었지만, 목소리를 높인 덕분에 상대가 생각보다 좋은 사람이라는 사실을 깨닫는 데 많은 시간이 걸렸다. 그녀와 화해하기 전까지 나는 퉁퉁 부은 얼굴로 그녀의 방 앞을 지나다녀야만 했다.

흔히들 한국인들이 토론에 약하다고 한다. 맞는 말이다. 그러나 그것은 한국 사람들이 특별히 말재주가 없거나 감정조절 능력이 떨어져서가 아니라, '토론'이라는 것이 크게 요구되지 않았던 사회문화적 특성 때문이다.

전통적인 유교사회에서는 토론이 그다지 바람직한 의사교환 양식이 아니었다. 여자가 남자에게, 자식이 부모에게, 후배가 선배에게, 제자가 스승에게, 신하가 임금에게 '토론'을 걸어온다는 건 상상할 수 없는 일탈이었기 때문이다. 대인관계가 수평이 아닌 수직선상에 존재하는 위계사회에서 토론은 존재하기 어렵다.

미국의 문화인류학자인 에드워드 홀은 한 사회의 소통양식을 '고상황high context'과 '저상황low context'이라는 개념으로 설명한다. 고상황 문화란 두 사람이 만나 대화를 시작하기 이전부터 이미 그 대화의 내용과 형식이 사회적으로 결정되어 있는 경우를 말한다.

예를 들어 목마른 두 사람이 물가에 동시에 도착했을 때 고상황 문화권의 사람들은 누가 먼저 물을 마실까에 대해서 토론할 필요가 없다. 나이가 많은 사람이나 지위가 높은 사람에게 '자연스럽게' 우선권이 양보될 것이기 때문이다.

이처럼 대화가 시작되기 이전에 상황적 의미를 결정한다는 점에서 위계질서는 고상황 문화의 핵심적인 역할을 담당한다. 홀에 따르면, 고상황 문화권의 대화는 경제적이고 신속하고 또 효율적이다. 문자 그대로 '말이 필요 없는' 문화이기 때문이다.

대화가 시작되기 이전부터 이미 의미가 존재한다면 새삼스레 토론을 벌일 필요가 없다. 고상황 문화권 사회는 획일적이기 쉽고 변화에도 어려움을 겪는다.

미국 사회는 한국에 비해 이런 위계질서가 약하다는 점에서 저상황 문화라고 부를 수 있다. 보편적 상황이 사회적으로 미리 결정되어 있지 않기 때문에 상황마다 서로가 합의할 만한 의미를 만들기 위해 끊임없이 대화하고 토론하는 것이다. 어떤 면에서 토론이란 많은 인내심과 시간이 필요한 대단히 '비효율적인' 의사소통 양식이다. 위계사회에서라면 고함 한마디면 끝낼 수 있는 '간단한 일'이 저상황 문화에서는 서로가 만족할 때까지 끝없이 이야기를 계속해야 하는 복잡한 문제가 되기 때문이다.

자동차 접속사고 현장에서 당사자들이 사건 자체에 대한 논의보다 (상대방이 묻지도 않은) 사회적 직책과 나이 이야기를 꺼내는 것도 이미 프로그램된 상황적 의미를 끌어들임으로써 '간단히' 문제를 해결하려는

271

시도일 것이다. 사회적 권위를 통한 해결이 어려워지면 '포효' 소리의
크기를 통해 우위를 가리는, '자연적 권위'에 의존하는 방식이 사용되
기도 한다.

태어나는 순간 얻는 발언권

미국 유학생으로 처음 수업을 들을 때 가장 곤란했던 순간은 머리가 가
려울 때였다. 손가락이 머리 위로 올라가는 순간 강의를 진행하던 교수
는 말을 멈추고 내 질문을 기다렸기 때문이다. 모든 교수들이 학생들의
손에 대단히 민감하게 반응했으며, 학생들은 (대개의 경우 말도 안 되는
이야기지만) 주저 없이 자신들의 의견을 내놓았다.

토론수업의 경우에는 교수들이 아예 학생들과 같은 자리에 앉아 동등
한 입장에서 토론에 참여한다. 교수 역시 손을 들고 자신의 차례를 기다
려야 한다. 그러면 말을 하던 학생은 손이 올라온 순서대로 "스테파니,
숀, 그리고 마이클"하며 차례를 정해주곤 한다.

미국인들은 태어나는 동시에 발언권을 얻는다. 어리다고 해서 부모가
아이들에게 무조건 복종을 강요하는 법은 없다. 아이들이 이해할 수 있
는 수준에서 끊임없이 대화하며 그들의 양해를 얻는 것이다.

몇 년 전 가방가게에서 있었던 일이다. 한 미국인 부부가 아이에게 지갑
을 사주러 왔다. 네 개의 지갑을 눈앞에 펼쳐놓은 아이는 무엇을 골라야
할 지 몰랐다. 네 개 모두 마음에 들어 하는 눈치였다.

272

■ 미국인들은 어린 시절부터 자신의 견해를 드러내고 다른 이들의 말을 듣는 토론문화에 익숙하다. 나이나 지위가 위계적 관계를 만드는 환경에서는 토론이 발생하기 어렵다.

부모는 그렇게 서서 아무 말 없이 아이의 결정을 기다리고 있었다. 그러기를 몇 분, 아이는 결정하기가 어려운지 어머니를 물끄러미 쳐다본다. 어머니는 "고르기 어려우면 엄마가 도와줄까?" 하며 나선다.

"첫 번째 파란 색은 활동적으로 보여. 너의 취향에 잘 맞을 듯도 한데 네 생각은 어떠니? 두 번째 갈색은 뭐랄까 …… 모험심 많은 탐험가, 자연, 숲, 뭐 이런 게 떠오르고. 세 번째 검은 색은 고급스럽고 세련되어 보여. 네 번째 빨간 색은……."

273

유학생, '공중부양' 위기를 넘다

아이는 네 개의 지갑 중에서 한 개를 내려놓는다. 이제 세 개를 놓고 아이가 고민한다. 부모는 환하게 웃으면서 아이의 결정을 기다린다. 꽤 많은 시간이 흐르자 이번에는 아버지가 돕겠다고 나선다.

아버지의 조언에서도 아이의 판단을 강제할 만한 부정적인 표현은 하나도 들어가지 않았다. 지갑 하나를 놓고 20여 분 동안 아이와 대화하는 부모의 모습은 무척이나 인상적이었다. 이 부모들에게는 5달러짜리 선물 하나 사주는 것도 교육의 과정이었다.

아마 나라면 대략 이런 식의 조언이 나왔을 것이다.

"야, 내가 보기에는 다 똑같다. 아무거나 고르지 그러냐?"

그렇게 자란 미국 아이들은 대체로 무리한 떼를 쓰지 않는다. 부모를 대화로 설득하지 못하면 아무것도 얻을 수 없다는 걸 알기 때문이다. 그럼에도 불구하고 울며 떼를 쓰는 아이들은 빈방에 갇히거나 며칠 동안 텔레비전을 못 보는 형벌을 감수해야 한다.

미국 대학의 연설수업과 교수평가

미국인들은 가정에서부터 자신의 의견을 합리적으로 개진하는 훈련을 받을 뿐 아니라, 학교에서도 남의 의견을 귀 기울여 듣고 그것을 정중하게 반박하는 법을 배운다. 많은 대학의 학과가 연설Speech 수업을 필수과

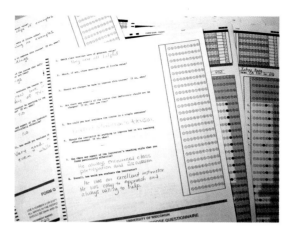

■ 미국 대학의 교수 강의평가서. 교수의 강의평가는 매학기 마지막 날 교수가 자리를 비운 상태에서 진행된다. 학생들은 익명으로 교수들을 평가하며, 담당 교수는 강의평가 내용이 학생들의 성적에 아무런 영향을 미치지 않는다는 사실을 미리 알려야 한다. 이렇게 작성된 강의평가는 교수들의 능력이나 업적을 판단하는 중요한 기준이 된다.

목으로 정하고 있을 뿐 아니라 강의 규모가 커서 교수와 학생의 대화가 어려운 경우에는 별도로 토론시간을 운영한다.

이렇게 교육받은 학생들은 시험 후 교수들을 귀찮게 한다. 자신이 받은 점수에 동의할 수 없다며 찾아오는 학생들이 적지 않기 때문이다. 무리하게 점수를 높이려는 학생들이 없는 건 아니지만 대개의 경우 합당한 의문을 가지고 교수를 찾는다. 이들은 만족스러운 답변을 들을 때까지 물러서지 않는다. 하지만 합리적인 설명을 들은 학생들은 두 번 다시 교수를 귀찮게 하지 않는다. 교수들은 학생들의 문의에 대비해 시험지를 1년 동안 의무적으로 보관해야 한다.

교수들이 학생들을 평가하는것과 마찬가지로 강의 마지막 날엔 학생들이 교수를 평가한다. 평가서는 "강사가 전공 분야에 대해 충분한 지식을 갖추고 있다고 생각하십니까?"에서부터 "강사는 학생들의 질문에

275

성실한 태도로 답해주었습니까"에 이르는 수십 개의 질문으로 이루어
진다. 학생들은 이 평가항목을 통해 교수를 평가하고 뒷면에는 교수에
게 하고 싶은 이야기를 '주관식'으로 쓸 수 있다.

교수와 강사를 가장 긴장시키는 이 주관식 기록란에는 "그 빨간색 셔
츠, 전혀 안 어울리는데 줄기차게 입고 다니시네요"부터 시작해 "이 강
의가 내게 준 가장 큰 기쁨은 그것이 끝났다는 사실이다" 등의 다양한
의견이 채워진다.

교수들의 강의평가 내용은 도서관에 비치됨으로써 앞으로 수강할 학생
들을 위한 참고자료로 이용된다. 강의평가가 교수들의 진로에 지대한
영향을 미치는 것은 물론이다. 학생들은 이 강의평가를 보면서 모 교수
의 수업을 들을 가치가 있는지를 두고 또 다른 토론을 벌일 것이다.

시간이 흘러 나의 좁은 방에는 몇 년 치의 시험지와 강의평가서가 더해
졌다. 방을 옮겨야 할 모양이다. 그리고 한참 뒤 알게 된 일이지만 내 발
자국 소리는 '정상적인' 사람들보다 훨씬 큰 편이었다. 아무래도 체중
까지 줄여야 할 것 같다.

스타벅스 인어가
다리를
감춘 까닭

미국 테네시주 멤피스에는 엘비스 프레슬리의 집이 있다. '그레이스랜드Graceland' 라 불리는 이 저택은 현재 프레슬리의 박물관으로 사용된다. 전설이 된 그 가수가 한때 살았고 또 묻힌 그곳에는 지금도 수많은 관광객과 팬들이 모여든다.

저택에 들어서면 엘비스 프레슬리가 입었던 옷이며 연주했던 악기, 그리고 음반과 사진들이 벽에 빼곡히 걸려 있다. 그를 아꼈던 사람들은 마치 성물을 들여다보듯 숙연한 표정으로 이 물건들을 하나하나 주의 깊게 살핀다. 집의 벽 한쪽 귀퉁이에 다음과 같은 글귀가 조그맣게 적혀 있다.

277

■ 엘비스 프레슬리가 살았던 테네시주 맴피스의 '그레이스랜드'. 현재 엘비스 박물관으로 사용되고 있으며, 뒤뜰에는 엘비스의 묘가 있다. 이곳은 항상 엘비스의 팬과 관광객들로 북적인다.

"그는 위험했으나, 너무 위험하지는 않았다He was dangerous, but not too dangerous."

이 짧은 글은 대중가수로서 프레슬리가 얻은 인기의 원인을 함축적으로 요약한다. '위험하되 너무 위험하지 않은 것.' 이는 모든 대중문화의 핵심 조건이기도 하다.

전혀 위험하지 않은 뻔한 것을 답습해서는 사람들의 관심을 끌지 못한

나는 스타벅스에서 불온한 상상을 한다

다. 그러나 너무 위험하면 반발과 공격의 대상이 된다. '지나치게 위험한 것'은 전위예술의 영역이지 결코 대중문화의 몫이 아니다.

다수의 주목을 받는 대중문화는 언제나 '위험수위' 경계 위에서 아슬아슬한 줄타기를 한다. 음악, 영화, 텔레비전 드라마 같은 문화상품만이 아니다. 이 법칙은 현대 상업문화의 정수인 로고와 상표 이미지에도 그대로 적용된다.

상표와 로고, 자본주의 사회의 마법

상업이미지는 자본주의 사회의 마법이다. 기업들이 회사와 상품을 알리기 위해 막대한 비용을 쏟아붓는 것은 납득할 만하다. 그러나 소비자들이 자기 돈을 내고 상표를 달고 다니는 현상은 어떻게 이해해야 할까. 그것도 아주 즐겁게, 심지어 뽐내면서까지.

미국의 역사학자인 대니얼 부어스틴은 이를 현대사회에서 '이미지'가 갖는 특성과 결부시킨다. 오늘날 사람들이 갈망하는 '자아 이미지'와 '상표 이미지'는 좀처럼 분리되지 않는다. 부어스틴은 미디어, 연예인, 상표 이미지들이 허구적 현실로서 개인들의 삶에 의미와 가치를 부여하고 있음에 주목했다.

과거에 삶에 원동력을 제공하던 '가치'는 윤리나 종교와 결부되어있었다. 그러나 현재 이 '가치'는 오직 경제적인 것으로만 환원된다. 더 많은 돈을 쓰는 것은 더 많은, 그리고 더 나은 이미지를 소유하는 것이기

279

때문이다. 그렇다면 몸에 상표를 주렁주렁 달고 거들먹거리는 행동도 이해가 된다.

부어스틴은 이러한 상업적 이미지를 20세기를 규정짓는 미국적 현상으로 이해한다. 기업의 체계적 이미지 관리가 독점자본주의의 폐해가 두드러지기 시작한 19세기 후반, 20세기 초반의 산물이라는 점에서 기획적 상업이미지를 '미국적 현상'으로 파악하는 것은 어느 정도 일리가 있다. 미국에서 반독점 규제가 시작된 것도 이 무렵의 일이다.

물론 상표는 교환경제의 역사만큼이나 오랜 역사를 지니고 있다. 그러나 과거와 달리 현대의 상표나 로고는 단순히 상업의 부산물로서만 존재하지 않는다. 이것은 하나의 '인격체'로서 기업이나 상품의 가치를 규정하기 때문이다. 이 이미지는 소비자들의 텅 빈 자아를 채워줄 '기성품 가치관'이다.

과거에 상표는 장인의 서명이나 도장, 또는 가문의 휘장처럼 생산자와 직접 연관되어 있었다. 그러나 현대의 상업이미지들은 홍보 전문가들의 치밀한 기획 속에서 탄생한다. 이들은 '위험한, 그러나 너무 위험하지는 않은' 이미지를 통해 소비자들에게 매혹적인 이야기를 들려준다. 소비자들은 음료 하나를 사면서 미지의 세계를 여행하기도 하고, 운동화 한 켤레를 사면서 세계가 환호하는 승리의 영웅이 되기도 한다. 상업이미지는 현대인의 삶에 신화적 의미를 부여한다. 프랑스 기호학자 롤랑 바르트가 자본주의 문화 속에서 '현대의 신화'를 발견했던 것은 놀라운 일이 아니다.

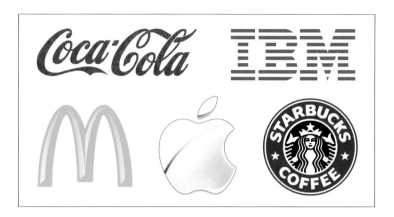

■ 코카콜라, IBM, 맥도날드, 애플, 스타벅스 로고. 상표는 오랜 역사를 가지고 있지만, 이것이 체계적인 홍보기획의 일부가 된 것은 독점자본주의가 출현한 19세기 이후다. 당시 재계는 담합, 정경유착, 부패 등으로 악화된 기업 이미지를 개선하기 위해 애썼고, 이 노력은 기업의 상표와 로고에도 고스란히 반영되었다. 이제 현대인에게 상표는 삶과 뗄 수 없는 일상의 일부가 되었다.

소비자가 참여하는 '열린 이미지'

기획에 의한 상업이미지가 '미국적 현상'인만큼, 수많은 상표와 로고가 미국을 대표한다. 붉은 글씨로 휘갈겨 쓴 '코카콜라', 일곱 개의 줄이 하늘색 글씨를 가로지르는 'IBM,' 황금아치로 대표되는 '맥도날드', 한 입 베어 먹은 '애플'의 사과, 녹색 원 안에서 긴 머리를 늘어뜨린 채 웃음 짓는 '스타벅스'의 인어 등.

미국의 기업이미지들은 어떻게 만들어졌고 또 어떻게 변화해 왔을까? 이 과정을 추적해보는 것은 해당 기업과 상품뿐 아니라 그것을 둘러싼 사회와 문화에 대해서도 많은 것을 알 수 있는 기회를 제공해준다. 그러

281

나 미국의 모든 상표를 살필 수는 없으므로 몇 개만 골라보기로 하자.

부어스틴은 그의 저서 『이미지 : 미국의 허구적 사건에 대한 안내서*The Image: A Guide to Pseudo-Events in America*』에서 이상적인 기업 이미지의 조건으로 '중립성'을 말한다. 맨송맨송한 이미지를 말하는 것이 아니다. 반감을 사지 않으면서 끝이 열려있어 대중이 의미생산에 참여할 수 있어야 한다는 것이다.

'열린 이미지'라는 조건을 갖추고 있으면서 최근 들어 이미지 변신을 꾀한 상표로 무엇이 있을까? 맥도날드, 애플, 스타벅스 등을 예로 들 수 있을 것이다.

눈웃음치는 맥도날드의 황금아치

맥도날드의 로고는 초기 식당의 구조물에서 따온 것이다. 맥도날드는 1950년대에 체인사업을 시작하면서 식당의 양끝에 노란색 아치를 세우는 표준화 전략을 세웠다. 이 두 개의 아치는 비스듬히 보면 회사 이름의 첫 글자인 '엠^M'자 처럼 보였다. 이후 식당의 형태는 바뀌었지만 이 '황금아치'는 현재의 로고 속에 고스란히 살아남았다.

맥도날드는 세계 최대의 식당체인으로 승승장구하다가 1990년대 이후 위기를 맞는다. 맥도날드는 전 세계로 매장 수를 늘리며 '미국적 생활양식'과 '세계화'의 동의어가 되었다. 20세기 후반부터 전개된 반세계화 운동과 미국 패권주의에 대한 반감은 이 식당체인을 '공공의 적'으

we love to see you smile™

■ 일리노이 데스 플레인스에 있는 맥
도날드 박물관(위). 초기 체인 형태
를 그대로 유지하고 있다. 건물 양
쪽에 설치된 노란 아치는 비스듬히
보면 영문자 '엠(M)'처럼 보인다.
아래는 맥도날드의 2000년대 로
고와 표어.

로 만들어 놓았다.

맥도날드는 바깥뿐 아니라 안으로도 위기를 맞았다. 2002년에는 이 회
사의 햄버거가 비만을 유발한다는 소송이 제기되었고 2004년과 2006년
에는 이러한 문제들을 직접적으로 다룬 〈슈퍼사이즈 미〉와 〈패스트푸
드 네이션〉 등의 다큐멘터리, 영화, 책이 쏟아져 나왔다.

맥도날드는 불우이웃돕기, 수익의 지역 환원, 건강메뉴 개발 등으로 이
미지를 개선하기 위해 애썼다. 이 때 나온 맥도날드의 표어가 "당신의

283

미소 짓는 모습이 좋습니다We love to see you smile"였다. 말만으로는 부족했는지, 로고 밑에 웃는 입을 그려 넣기까지 했다. 이로써 맥도날드의 황금아치는 웃는 눈으로 바뀌었다.

이후 슬로건이 "너무 좋아요I'm lovin' it"로 바뀌며 '눈' 밑에서 웃고 있던 입도 사라졌지만, 소비자들의 마음속에서 맥도날드는 여전히 눈웃음치고 있다. 황금아치의 웃음이 회사도 웃게 할 만큼 경영실적을 올려주었는지는 알 수 없지만 말이다.

애플의 '베어 먹은 무지개 사과'

애플은 '사과'와 깊은 관련이 있다. 회사 이름과 로고는 말할 것도 없고 대표적인 제품명인 '매킨토시Macintosh' 역시 사과의 종류 중 하나다. 비록 상표권 문제로 철자를 조금 바꾸어야 했지만 말이다.

〈뉴욕타임스〉 2005년 2월 28일자 부고 기사에 따르면, '맥'은 애플의 기술 개발자였던 제프 래스킨이 즐겨먹던 사과였다고 한다. 래스킨은 자신이 개발한 컴퓨터에 가장 좋아하는 사과 이름을 붙인 것이다.

애플의 로고는 많은 화제를 불러일으켰다. 무지개로 만든 한 입 베어 먹은 사과. 무슨 의미일까? 대중의 호기심을 끌었다면 '열린 이미지'로 이미 성공한 셈이다. 애플의 로고에 담긴 의미는 학술적 토론의 대상이기도 했다. 프랑스 기호학자 장 마리 플로슈가 애플과 IBM 사의 기업이미지를 비교해서 분석한 것이 대표적 예다.

베어 먹은 사과는 성경 창세기에 등장하는 '선악과'를 연상시킨다. 이 금단의 열매는 '선과 악을 깨닫게 하는 지식의 과실'이다. '유혹'과 '지혜'라는 두 의미가 하나의 로고 안에 고스란히 녹아 있다.

직선의 IBM 로고가 권위적인 미국 동부 대도시의 느낌을 준다면 매끄러운 곡선의 애플은 자유롭고 분방한 서부의 자연을 떠올리게 한다. 무지개는 1960년대 서부에서 시작되어 미국 전역을 휩쓸었던 히피문화의 상징으로 반전, 평화, 동성애자의 권리 인정, 반인종주의 등을 나타낸다. 자세히 보면 무지개색의 순서가 뒤죽박죽 섞여있는 것을 볼 수 있다. 순서를 무시한 배열은 통념의 파괴와 탈권위를 상징하는 듯하다. 이는 수평적이고 탈위계적인 애플사의 조직구조와 잘 어울린다. '위원회'와 '관료주의'를 극단적으로 혐오하는 이 회사에는 회장 전용 주차장도 없다.

사과에서 사라진 무지개

개인컴퓨터 시장의 선구자로 발전에 발전을 거듭하던 애플에도 위기가 닥쳐왔다. 1990년대 초반부터 애플의 시장 점유율은 계속 낮아졌으며 주가는 곤두박질쳤다. 몇 번의 경영실수와 신제품 출시 지연은 마이크로소프트와의 경쟁을 더욱 어렵게 했으며, 회사는 돌이키기 어려운 적자의 수렁에 빠졌다.

창립자인 스티브 잡스는 자기가 고용한 사장에 의해 쫓겨났다가 1997년 '무보수 경영자'로 회사에 복귀한다. 그러고는 1998년 회사의 사활을 건 제품 '아이맥iMac'을 내놓는다. 기술적인 부분보다 디자인에 초점을 맞춘 이 제품은 6개월 만에 100만 대 가까이 팔리며 회사를 만성적자의 늪에서 건져냈다.

흥미로운 것은 애플이 이 시기에 새로운 로고를 채택했다는 사실이다. 선구적 기술의 상징이 되었던 '무지개 사과'는 오랜 시련을 거치며 그 의미를 잃었던 터였다. 애플은 과거의 인지도를 유지하면서도 새로운 느낌을 주는 로고를 생각해냈다. 잘 알려진 사과의 윤곽선 위에 히트상품이 된 '아이맥' 디자인의 이미지를 부여한 것이다.

무지개가 있던 자리에는 반투명한 플라스틱의 매끈한 이미지가 들어섰다. 이 과정에서 평면적 이미지는 입체감 있는 3차원의 이미지로 재탄생했다. 과거에는 회사의 로고가 제품을 규정했으나 이제 제품의 이미지가 회사 로고를 규정하게 된 것이다.

286

■ 스타벅스의 로고는 크게 두 번의 변화를 겪어야 했다. 처음의 인어는 가슴과 다리 모두를 드러내고 있었으나, 보다 많은 사람에게 받아들여질 만한 순화된 모습으로 변모했다.

스타벅스 인어, 꼬리를 감추다

스타벅스의 로고는 녹색 원 안에 그려진 인어다. 그런데 왜 커피 회사가 인어를 기업의 이미지로 골랐을까? 그리고 이 회사는 기껏 고른 인어의 모습을 꼬리 끝만 남기고 감추는 선택을 했을까?

'스타벅스'라는 상호가 소설의 주인공 이름에서 왔다는 사실을 알면 인어를 고른 이유를 짐작할 수 있다. 이름의 출처인 '스타벅Starbuck'은 허먼 멜빌의 소설『모비딕』에 나오는 일등 항해사의 이름이다. 스타벅스의 젊은 창업자들이 커피를 매개로 고객들에게 팔고 싶었던 이야기는 '미지의 세계로 나아가는 항해'였을 것이다.

그러나 인어는 두 번에 걸쳐 아름다운 자태를 감추어야 했다. 첫 번째는 가슴을, 그 다음에는 다리를. 회사가 처음 채택했던 인어 이미지는 가슴과 꼬리를 모두 드러내놓고 있었다. 창업자들이 첫 이미지를 베껴온 곳은 1961년에 발행된 치를로J. E. Cirlot의『상징사전』이었다.

15세기에서 유래한 '두 꼬리 세이렌split-tailed siren'은 오래전부터 유럽에서 널리 사용되던 이미지였다. 하지만 가슴을 드러낸 채 꼬리를 치켜들고

287

있는 인어의 모습은 현대인의 미감에는 지나치게 '위험해' 보였다. 결국 인어는 굽이치는 머리칼로 가슴을 가려야 했으며 그 다음에는 '흉하게' 벌리고 있는 다리를 조신하게 숨겨야 했다.

'야한 것'과 '성스러운 것'

2006년 스타벅스는 창립 35주년을 맞아 본래의 갈색 인어 이미지를 잠깐 사용한 적이 있다. 당시 고객들이 보인 태도는 현대인들의 세계관이 과거와 얼마나 달라졌는지를 보여준다. 이 '야한' 인어가 잠시 부활했을 때 워싱턴 주의 한 학교에서는 비상령이 내려졌다. 스타벅스 커피를 마시는 교사들은 학생들에게 혐오감을 주지 않기 위해 '누드 인어'를 컵홀더로 가려달라는 지시가 내려진 것이다.

2008년 4월에도 스타벅스는 과거의 갈색 로고를 넉 달 넘게 사용하는 행사를 벌였다. 그러나 이번에는 이전의 논란을 되풀이 하지 않기 위해 좀더 안전한 선택을 했다. 인어 등 뒤의 머리칼을 앞으로 넘겨 가슴을 가린 것이다. 이왕 손보는 김에 배꼽도 지우고 표정도 좀더 온화한 모습으로 바꾸었다.

오늘날 가슴을 드러낸 인어는 커피잔에서도 보기 어렵게 되었다. 그러나 흥미롭게도 과거에는 가슴과 꼬리를 드러낸 인어는 물론, 그보다 더 '야한' 조각상들이 교회와 성소를 장식하고 있었다. 특히 악명 높은 '실라나히그Sheela-na-gig' 상은 아일랜드의 거의 모든 성소에 설치되어 있

made by nature, the landscape... always hover... of a landscape who was always collected by Paul Gsell, places all art within this a realist who was collected, with the words: 'lines and shades are his *Conversations* meaning, with the signs of a hidden reality. Beyond the realm of occult more than the signs of a hidden reality. Beyond the for us nothing more than the spirit'. The painter Gustave surface, our gaze plunges into the spirit'. The painter Gustave Moreau expressed himself in similar terms when referring to 'the evocation of thought by line, arabesque and plastic means'. In the present century, Max Ernst and Dubuffet, among other artists, have explained their pictorial and graphic experiments as an immer- sion in the psychic projected onto the material. At the same time, C. G. Jung gives a similar explanation of the quest of the alchemists.

Twin-tailed siren (15th century).

Siren A symbolic figure which usually takes one of two main forms: as a bird-woman or as a fish-woman. The sirens in Greek mythology were supposed to be daughters of the river Achelous by the nymph Calliope; and Ceres turned them into birds. They inhabited mountainous places. Legend attributed to them a song of such sweetness they could entice the wayfarer, only to devour him.
... whose haunts were

■ 스페인 문학가 치를로(J. E. Cirlot)의 「상징사전」에 수록된 15세기 유럽의 두 꼬리 인어(위)와 스타벅스 초
기 로고(아래). 스타벅스는 2008년 4월부터 몇 달간 초기의 갈색 인어 이미지를 사용하는 행사를 벌였
다. 옛 로고를 사용함으로써 전통과 믿음의 가치를 되새기려는 시도였다. 그러나 과거의 '외설적' 인어
이미지에 소비자들이 당황하지 않도록 가슴을 머리로 가리고 배꼽을 지웠으며 얼굴도 온화한 표정으로
바꾸었다.

■ 성당에 조각되어 있는 인어와 실라나히그 조각상. 다리를 들어 올리는 것은 두 팔을 하늘로 뻗는 것과 같은 제의적 의미이며, 여성의 자궁은 '탄생'이라는 성스러운 의미를 지니고 있었다. 이 성소에 세워져 있던 조각상들은 훗날 도덕주의자들에 의해 파괴되었으며, 현재 남아있는 조각상들도 대부분 손상된 상태다.

었다. 현대인들이 추하다고 생각하는 여인의 모습에서 과거의 사람들은 성스러움을 발견했던 것이다.

나이든 여자가 다리를 벌린 조각상은 탄생과 기원을 의미했다. 이곳은 성자를 포함해 우리 모두가 유래한 곳이다. 교회 출입문 위에 주로 설치

290